AF155458

ANNA CHRISTINA DOLL

DER leichte WEG DER Meisterschaft

novum pro

Dieses Buch ist auch als
e-book
erhältlich.

Bibliografische Information
der Deutschen Nationalbibliothek:

Die Deutsche Nationalbibliothek
verzeichnet diese Publikation in
der Deutschen Nationalbibliografie.
Detaillierte bibliografische Daten
sind im Internet über
http://www.d-nb.de abrufbar.

Gedruckt in der Europäischen Union
auf umweltfreundlichem, chlor- und
säurefrei gebleichtem Papier.

© 2025 novum publishing gmbh
Rathausgasse 73, A-7311 Neckenmarkt
office@novumverlag.com

ISBN 978-3-7116-0669-3
Lektorat: Petra Männel
Umschlagfotos:
Gulnara Mirgunova | Dreamstime.com
Umschlaggestaltung, Layout & Satz:
novum Verlag
Innenabbildungen und Autorenfoto:
Anna Christina Doll

www.novumverlag.com

Druckprodukt mit finanziellem
Klimabeitrag
ClimatePartner.com/16547-2311-1001

Inhaltsverzeichnis

Vorwort

Es wird gesagt, dass der längste Weg, den ein Mensch zurücklegen kann, der vom Kopf ins Herz ist.

Das elektromagnetische Feld des Herzens ist fünftausendmal stärker als das unseres Gehirns. (HeartMath Institute, CA, USA) Außerdem wurden im Herzen Gehirnzellen entdeckt.

Dr. med. O. Hanisch (1844 bis 1936) machte eine interessante Entdeckung. Er nahm – mit einer mikroskopischen Kamera – Fotos von der sogenannten fünften Herzkammer auf, die an der Rückwand des Herzens liegt und vom Sinusknoten umgeben ist. Sie hat wohl einen Durchmesser von nur vier Millimetern. Er vergrößerte diese Aufnahmen um das eine Millionfache und hatte immer wieder das gleiche Ergebnis, nämlich eine heilig anmutende Figur in der heiligen geometrischen Form eines Dodekaeders.

Das Dodekaeder gilt als der vollkommenste platonische Körper. Es besteht aus zwölf gewölbten Fünfecken, vergleichbar mit einem Fußball. Dr. Hanisch fragte sich, ob das vielleicht das göttliche Atom sei, das jedem Menschen innewohnt. Dieser Ort im Herzen hat viele Namen. Er wird u. a. „Hotspot" genannt, weil in ihm Temperaturen gemessen wurden, die eigentlich im menschlichen Körper nicht möglich sind. Eingeborene Völker nennen ihn den „tiny space" (kleiner Ort). Es wird gesagt, dass, wenn wir aus diesem Ort heraus Realität erschaffen, sich die Wünsche schneller und kraftvoller erfüllen. Wenn ich mich mit diesem Ort verbinde, habe ich immer das Gefühl, dass sich etwas um mich herum legt, was tiefen Frieden verbreitet.

Auf deinem Aufstiegsweg wirst du immer wieder mit der heiligen Geometrie in Verbindung kommen. Wenn wir bedenken, dass jede einzelne Schneeflocke anders gestaltet ist, wird uns klar, dass es unbeschreibliche und enorm kreative Intelligenzen gibt und dass alles, inklusive wir, mit heiliger Geometrie zu tun hat.

Gern möchte ich in dir die Erinnerung an das, was du wirklich bist, wecken, nämlich pure Freude, Liebe und reines Licht, ausgestattet mit enormen Manifestationskräften.

Der „Weg" hat viele Namen, manche nennen ihn Heilungsweg, andere Einweihungsweg, Seelenweg, Herzensweg, Weg der Meisterschaft oder Aufstiegsweg. „Aufsteigen" bedeutet, sich in höheren Bewusstseinsebenen und höheren Dimensionen zu verankern, in denen das Gefühl von dauerhafter, starker Freude vorherrscht und in denen wahre Wunder geschehen.

Wir alle haben eine große Auswahl an Realitätsmöglichkeiten, die angenehmste ist die in der für uns höchsten Bewusstseinsebene.

Von Herzen wünsche ich dir, dass du in diesem Leben deine bestmögliche Realitätsvariante lebst und die direkte Erfahrung deiner eigenen Heiligkeit und deiner Schöpferkräfte machst und göttliche Wunder erlebst.

Ich habe Berufsbezeichnungen meist in der männlichen Form angewandt, damit der Flow beim Lesen möglichst erhalten bleibt.

Einleitung

Manche meiner Bücher scheinen „lebendig" zu sein. Meist habe ich spirituelle Bücher sehr intensiv gelesen und mir die wichtigen Dinge herausgeschrieben. Oft nahm ich diese Bücher Jahre später nochmal in die Hand, um etwas nachzuschauen und hatte das Gefühl, dass ich komplett neue Informationen erhalte. Viele meiner Klienten sagen mir, dass sie das, was ich ihnen vermittelte, anfangs nur zu ca. dreißig Prozent verstanden haben. Mit der Zeit wächst das Verständnis.

Mir ging es so mit einer meiner spirituellen Lehrerinnen in England. Es kann nicht wirklich an meinem mangelnden Englischkenntnissen gelegen haben, denn ich lebte zu diesem Zeitpunkt schon einige Jahre in England. Zuvor war ich als Schülerin fast ein Jahr in Virginia, USA, und habe an drei verschiedenen Universitäten unter anderem Anglistik, Literatur- und Sprachwissenschaft studiert.

Es war die Frequenz, die ich nicht verstehen konnte, auch wenn ich mich schon als Teenager mit spirituellen Themen beschäftigt hatte. Mit achtzehn machte ich meine ersten Ausbildungen in Astrologie und Kartenlegen und habe, als ich noch zur Schule ging, schon Karten gelegt. Damals war mir meine Hellsichtigkeit noch nicht bewusst, aber ich konnte das Kartenbild als Ganzes sehen und die Leute waren begeistert und kamen oft wieder.

Mein Großvater väterlicherseits war Heiler in Hamburg; von der Familie habe ich vieles über seine Heilerfolge erfahren.

Die Krise des Heilers

Es wird gesagt, dass es keinen Heiler ohne Krise gibt. Wahrscheinlich, da du diese Zeilen gerade liest, hast du dich schon vor langer Zeit auf die Suche nach etwas gemacht, das wirklich funktioniert, das einfach ist und dich dauerhaft in die direkte Erfahrung des Glücklichseins, in die bedingungslose Liebe und in den inneren und äußeren Frieden bringt. Es ist gut möglich, dass du dich mit all den Theorien vom erfolgreichen Manifestieren beschäftigt hast und auch Erfolge hattest, diese aber nicht von Dauer waren.

Manche nennen diese Krise auch „schamanische Krise". Wir entdecken, dass es noch mehr gibt als die „normale Welt". Wir probieren einige Dinge aus, z. B. Meditation, Coaching, Sitzungen mit spirituellen Lehrern, die Wirkung von Heilsteinen u. ä., haben verblüffende Erlebnisse, oft geschehen Wunder, wir sind inspiriert und neugierig.

Dann geschieht entweder etwas, das Angst macht – eventuell hat man eine starke Erfahrung mit Energiearbeit gemacht oder selbst Jenseitskontakte hergestellt oder sogar eine Spontanheilung erfahren – oder man ist frustriert, weil man so viel ausprobiert hat und die erwünschten Ergebnisse bisher ausgeblieben sind. Also distanziert man sich von „all dem".

Die Verstandesstrukturen tun vieles, um uns möglichst von Bewusstseinserweiterung abzuhalten, da sie alles kontrollieren wollen und sehr begrenzt sind. Das Göttliche und die Liebe können aber nicht durch die Verstandes- bzw. Egostrukturen kontrolliert werden. Man lässt also „all das" und gerät in eine Krise. Ich habe tatsächlich noch keinen Heiler kennengelernt, der keine Krise hatte.

Depressionen sind immer ein Ruf der Seele, sich zurück auf den Seelenweg zu begeben, auf den Weg zurück nach Hause – in die Einheit mit Gott, in die Liebe, die Freude, den Frieden und in die Wunderebene. Depression hat etwas mit „Herunterdrücken" zu tun, bildlich kann man sich das so vorstellen, dass man von der herrlichsten Realitätsmöglichkeit „heruntergedrückt" wurde.

Meine Krise wurde ausgelöst, als ich 21 Jahre alt war. Nur einer Person erzählte ich davon, dass ich intuitiv die Information erhalten habe, dass mein Vater bald sterben würde. Zu dem Zeitpunkt schien er keineswegs krank zu sein.

Ich bin im Nachhinein sehr dankbar für die Information, denn ich hätte sonst die letzten Wochen mit ihm nicht so intensiv genutzt, in meiner damaligen Unbewusstheit und wäre sehr geschockt gewesen. In dieser Hinsicht war die Information hilfreich.

Er starb nicht an genau dem Tag, der mir übermittelt wurde, sondern drei Tage später. An dem Tag wurde er in ein künstliches Koma versetzt. Das war aus der Sicht der geistigen Welt wohl der Tag seines Übergangs. Meinem Vater habe ich nichts von meinem „Wissen" erzählt. Er fühlte sich in den letzten Wochen seines Lebens sehr wohl, war fröhlich und wir haben noch von seinem Krankenhausbett aus Geschenke für die Ärzte und Krankenschwestern bestellt. Zum Glück konnte ich jeden Tag bei ihm sein, obwohl er, etwa 150 km von unserem Wohnort entfernt, die letzten Wochen im Krankenhaus verbrachte.

Dieses Wissen über seinen Todestag war der Auslöser meiner Krise. Ich hatte vor „all dem" Angst, bekam Depressionen und studierte etwas, was mich nie gerufen hatte, außer, dass ich immer gern viel gelesen habe und Lesen zum Literaturstudium gehört.

In meiner Praxis bekomme ich nie die Information über Sterbezeitpunkte, da es nicht relevant für die Arbeit ist. Nur bei einigen Haustieren meiner Klienten kamen Informationen, dass diese Tiere jeweils noch einige gute Jahre vor sich hatten, obwohl sie zu dem Zeitpunkt krank waren und die Besitzer kurz davor waren, sie einschläfern zu lassen.

Ich heiratete sehr jung, jemanden, der mich ganz sicher nicht zu „all dem" zurückbringen würde, einen schottischen Ingenieur, der Offizier in der britischen Armee war.

Im Laufe der Jahre kam ich sehr langsam aus den Depressionen heraus, aber „etwas" blieb für lange Zeit, das erst sehr viel später geheilt werden sollte.

Heute bin ich sehr dankbar für die Depressionen.

Ich erinnere mich an die Freundin meines Vaters; eine wunderschöne Frau, Lehrerin, mit zwei Söhnen. Sie hatte Depressionen. Ich konnte damals nicht verstehen, warum sie unter Ängsten litt.

Wenn heute jemand mit Panikattacken, Platzangst, Höhenangst, Angst vor dem Tod und Ähnlichem zu mir kommt, weiß ich genau, wie sich das anfühlt.

Depressionen sind meiner Meinung nach leicht und schnell heilbar. Sie sind nur ein Ruf der Seele, wieder nach innen zu gehen, ins Herz zu kommen. Vererbbar sind sie nicht, wie viele meinen, aber karmisch bedingt können sie sich durch Familienlinien hindurchziehen, das kann wie „Vererbung" aussehen. Außerdem können Traumata in der Familie über Generationen weitergegeben werden, das entspricht den aktuellen Forschungsergebnissen.

In den darauffolgenden Jahren stellte sich mein innerer Kompass, der auf Gott, die Liebe und die Einheit eingestellt ist, wie der an. Die innere Leere als „Army Wife", mit oberflächlichen Begegnungen und ständigen Umzügen, war fast unerträglich.

Ich begann, Bücher über Aborigines, Hopi, Maya, Hindus, Buddhisten, Kahuna, Feng Shui und psychologische Ratgeber zu lesen, aber nichts stillte meine Sehnsucht nach innerem Frieden. Ich ging jeden Sonntag in die Kirche, fand dort allerdings auch nicht das, was ich suchte.

Ich las über Meditation und begann zu meditieren, meine Gedanken zu beruhigen und somit selbst ruhiger zu werden. In dieser Zeit lernte ich eine britische Hellseherin/Heilerin/Medium kennen. Von ihr lernte ich in den darauffolgenden 15 Jahren. Sie lebte oft und viel bei uns im Haus, da sie die beliebteste Hellseherin der in Deutschland stationierten Briten war.

Oft hatte ich in der ersten Zeit Angst, dass sie „Geister" ins Haus bringen könnte – was sie natürlich auch tat! Meine Faszination über die Details, die sie sah, war groß.

Ich begann, auch andere Hellseher aufzusuchen. Manche sagten mir, dass ich ebenso einmal Hellseherin und Heilerin werde. Sieben Hellseher verkündeten mir, dass ich meinen Master in Übersetzung, den ich damals in England machte, bestehe. Keiner von ihnen prophezeite mir, dass dies erst im zweiten Anlauf geschehen würde, ein Jahr nach dem ersten „Versuch". Das ließ mich wieder an „all dem" stark zweifeln. Ich brauchte aber genau diese Erfahrung. Heute weiß ich, dass Hellseher die Endresultate sehen und oft nicht die Zwischenschritte, die wichtig für unsere Entwicklung sind.

Einige Jahre arbeitete ich als Diplomübersetzerin, Gerichts- und Polizeidolmetscherin und war immer noch auf der Suche. Anfang der 2000er, als mein jüngerer Sohn ca. drei Jahre alt war, fragte mich eine Bekannte, ob ich mit ihr eine Feng-Shui-Ausbildung machen möchte. Es war so ziemlich das Unmöglichste, was ich hätte schaffen können, mit zwei kleinen Kindern und einem Mann, der mich darin in keinster Weise unterstützen würde.

Doch es fühlte sich richtig an, diesen Schritt zu wagen. So lieh ich mir die 7.000 Euro, die ich inklusive Kinderbetreuung dafür brauchte und begann diese Ausbildung.

Ich war zu jedem Unterrichtsblock pünktlich da, alles klappte prima, auch mit der Betreuung meiner Söhne. Vor der Abschluss-prüfung war ich sehr nervös, ich wollte dieses Diplom so dringend und habe Freudentränen geweint, als ich es in den Händen hielt. Etwas Unmögliches war möglich geworden.

Es gibt tatsächlich ein Gesetz, das besagt, dass wir alles errei-chen, was wir uns zum höchsten Ziel machen. Davon wusste ich damals allerdings noch nichts.

Wenn du vielleicht gerade auf der Suche nach einer spirituellen Arbeit bist, die deinen mit in dieses Leben gebrachten Fähigkei-ten entspricht, findest du auf meiner Website www.annadoll. de verschiedene Ausbildungen. Einen Rabattcode füge ich am Ende des Buches ein.

Das Geheimnis des Erlaubens

Die Feng-Shui-Ausbildung, die von einer Lehrerin durchgeführt wurde, die im „Qi Mag Institut" von Dr. Yes Lim gelernt hatte, beinhaltete neben Feng Shui viel Eigentherapiearbeit, Ballast abwerfen, Kinesiologie, Selbstreflexion, Biosynergetik, Telepathie miteinander üben und die Spiegelgesetzmethode.

Diese basiert auf der Erkenntnis, dass alles im Außen nur eine Projektion oder Spiegelung unseres Inneren ist und umgekehrt. Wir erschaffen also durch das, was in uns ist an bewussten und vor allem unbewussten Glaubenssätzen/Kontexten, Beurteilungen, Überzeugungen, Mustern usw. unser eigenes kleines Universum. Dabei spielt das, was in unserem Unterbewusstsein gespeichert ist, eine wesentlich größere Rolle.

Besonders viel haben wir von dem in unserer äußeren Realität, worüber wir harte Urteile gefällt haben. Bei mir war es zum Beispiel das Thema Geiz. Ich fragte mich, was ich mit dem Thema Geiz zu tun haben soll, wenn jemand in meinem Leben aus meiner Sicht geizig ist?

Durch die Verurteilung einer Sache ist man mit dem Thema „verheiratet", da man viel Energie in das Verbot schickt. Das dauert so lange, bis man jedem erlaubt, genau so sein zu dürfen, wie sie sind, so geizig, so gemein, so ignorant, wie sie wollen. Aber so lange wir all das nicht erlauben, sind wir energetisch daran gebunden und ziehen es magisch an, weil wir ungewollt unsere Energie dorthin schicken, und die kreiert nachweislich Realität. An e = mc2 ist schon viel dran, übersetzt bedeutet es für mich Energie = mehr davon.

Diese Aussage entspricht den neuesten Forschungsergebnissen der Quantenphysik und wurde vor einigen Jahren im Labor bewiesen.

Siehe dazu auch den Film/das Buch „What the Bleep do we know?".
Die Handlung des Films ist eher nicht so packend. Die Macher haben
sich aber etwas dabei gedacht; denn das Nachdenken darüber, dass
die Handlung nicht so mitreißend ist, hält die Verstandesstrukturen beschäftigt, sodass die innere Weisheit die Informationen
„ungestört" aufnehmen kann. Ähnlich ist es mit diesem Buch. Es
ist weder perfekt geschrieben noch gut strukturiert, was, soweit
vorhanden, Widerstandsenergien im Analysieren und Kritisieren
hält und die Möglichkeit gibt, mehr mit dem Herzen zu lesen und
die in diesem Buch aktivierten Heilcodes besser zu spüren.

Diese Technik eignet sich auch gut für meine Arbeit, wenn sich
z. B. jemand komplett verschließt, sodass Hellsehen schwer bis
unmöglich wird. Ich habe dann manchmal gesagt, dass ich kein
Geld für die Sitzung möchte, was auslöste, dass die Verstandesstrukturen bei meinen Klienten etwas zum Nachdenken hatten
und sich nicht mehr auf „Zumachen" konzentrierten. Somit
konnten die geistige Welt und ich arbeiten. Dies musste ich aber
schon viele Jahre nicht mehr tun.

Unsere Gedanken und Gefühle sind also messbar und verwan-
deln sich in Materie. Materie ist reine Schwingung, Miniparti-
kel, die miteinander kommunizieren.

Frage dich bitte einmal, ob es etwas in deiner Welt gibt, was
nicht sein „darf". Höchstwahrscheinlich ist aber genau das in
deinem Leben; es sei denn, du hast das Thema Be- und Verurteilung schon bearbeitet und ablösen lassen.

Alles erlauben ist eine der schwersten Lektionen auf dem Heilungsweg und stößt bei vielen auf große Widerstände: „... aber
Anna, „das" kann ich doch nicht erlauben ..." Wie oft hörte ich
schon dieses „Argument".

Die Magie des Erlaubens ist, dass das, was man nicht mag, energetisch nicht mehr gebunden ist und somit aus deiner Realität

verschwindet, weil du keine Energie mehr in das Thema gibst, die innere Resonanz darauf verschwunden ist. Das, was vorher gestört hat, beginnt sich tatsächlich zu wandeln, in die Richtung, die du bevorzugst. Das ist die Magie des Erlaubens.

Wer ist der Verurteiler? Immer nur die Egostrukturen. Die Seele ist unendlich weise und kennt die innere Freiheit, die das Erlauben mit sich bringt.

Also: wenn du wirklich alles erlaubst, bist du innerlich und äußerlich frei von den Situationen und Verhaltensweisen, die du nicht magst. Es ist also das genaue Gegenteil von dem, was wir gelernt haben, da wir ja gelernt haben, uns über das aufzuregen, was wir nicht wollen.

Nur, durch das „sich Aufregen" wurde noch kein einziges Problem auf der Welt gelöst, im Gegenteil.

Energieraub, Mobbing und das „Sich ärgern"

Nehmen wir mal das Beispiel „Sich ärgern bzw. Sich ärgern lassen": Was kann man dagegen tun?

Wir haben uns jahrelang geärgert – in der Schule, im Job, in der Familie. Doch was genau passiert beim „Sich ärgern"?

Also: jemand provoziert dich und du reagierst, du ärgerst dich eben. In dem Moment verlierst du Energie und der „Ärgerer" bekommt sie. Es ist ein so einfaches Prinzip, auf das aber fast alle immer wieder hereinfallen – bis es verstanden, abgelöst und geheilt ist.

Man kann es sich so vorstellen: jemand ärgert dich und du sagst: „Bitteschön, das Buffet ist eröffnet! Möchtest du einen Aperitif vorweg? Ich habe mehrere Vorspeisen, Hauptgänge und Desserts für dich, bediene dich einfach ..."

Dieser Mensch futtert sich an deinem Energiebuffet satt und das oft über Jahre oder Jahrzehnte hinweg. Bis du genug davon hast und das Thema heilen lässt. Zwischen euch existieren energetische Bande, über die du den „Ärgerer" fütterst. Diese energetischen Verbindungen können gekappt und deine Energie zurückgeholt werden. Dafür brauchst du einen Heiler; es sei denn, du bist initiiert in Energiearbeit und hast einen klaren Zugang zu deinem Unterbewusstsein.

Es ist ein längerer Weg, sich nicht mehr ärgern zu lassen – dies geschieht nicht von heute auf morgen, weil man es meist über lange Zeiträume erlaubt und mitgemacht hat.

Der aufgestiegene Meister St. Germain erklärte das in einem Channeling so: Du hast jahrelang mit einer Gruppe von Menschen einen bestimmten Kinofilm angeschaut. Jemand kommt und flüstert dir ins Ohr: „Wusstest du schon, dass es in diesem Kino mehrere Filme gibt?" Du bist überrascht und fragst: „Ja was denn noch für welche?" „Naja, bis jetzt hast du dir den Film des Stresses, des Leidens, des Dramas und des Überlebens angeschaut. Es gibt aber auch einen, der handelt vom vollkommenen Glück." Du bist begeistert, stehst auf und gehst.

Nun, so weit, so gut. Die jedoch, mit denen du all die Jahre den anstrengenden Film angeschaut hast, finden es nicht gut, dass du gehst und werden weiterhin versuchen, dich in den alten Film zurückzuholen. Das sind allerdings nicht nur Menschen, sondern auch die eigenen Leidstrukturen, die sich weiter nähren wollen und nicht kampflos gehen oder direkt vor dem Heiler kapitulieren.

Du hast aber die bewusste Entscheidung getroffen, deinen inneren Frieden und deine Freude zu finden und dich nicht mehr ärgern zu lassen. Du hast dich entschieden, Energieraub nicht mehr zu erlauben. Wie gut, meinst du, gefällt das denen, die dir jahrelang Energie geraubt haben? Wenn du auf ihre alten Ärgermuster nicht mehr reagierst, denken sie sich neue aus oder gehen auf deine Kinder, auf deinen Hund oder auf alles los, was dir heilig ist und was du beschützen möchtest – bis du all das geheilt hast und jegliche Angriffsfläche verschwunden ist.

Diese Angriffsflächen liegen im Unterbewusstsein, sonst könntest du sie leicht durch deine bewusste Entscheidung abschütteln. Um sie wirklich abzulösen, brauchst du auch wieder jemanden, der mit dem Unterbewusstsein arbeitet, es sei denn, du bist selbst darin initiiert.

Es gibt keinen Heilungsweg aus Büchern, auch mein Buch kann Dinge nur in dein Bewusstsein bringen.

Die Heilung des Unterbewusstseins, des inneren Kindes, wird auf die schnellste Art und Weise durch jemanden kommen,

19

der das Unterbewusstsein ent- und dann neu programmieren kann. Dafür setzt die Schöpfung, besonders in diesen Zeiten des energetischen Aufstiegs der Erde, viele spirituelle Lehrer und Heiler ein. Auch in dieser Hinsicht macht die Schöpfung nichts ohne Sinn.

Du wirst also, wenn du dich wirklich auf den Heilungsweg begibst, auf Widerstände stoßen, dich eventuell von manchen Menschen verabschieden; oft reicht eine energetische Verabschiedung, es muss niemals radikal sein.

Was passiert, wenn sich dein Lichtquotient erhöht?

Wir haben es auf dem Aufstiegsweg nicht nur mit Herausforderungen der „Ärgerer" und den eigenen Leidstrukturen zu tun, sondern auch mit Fremdenergien. Ich formuliere das so leicht wie möglich. Angst hilft uns bei diesem Thema nicht weiter und muss auch nicht sein.

Nehmen wir einmal an, du hast deinen spirituellen Lehrer gefunden, er/sie kann und darf die Themen wirklich auf tiefsten Ebenen ablösen und dein Lichtquotient erhöht sich.

Wenn sich dein Lichtquotient erhöht, wirst du „sichtbarer". Gern würde ich dir sagen, dass es nur die Engel, die liebevollen aufgestiegenen Meister und Meisterinnen, Heiligen usw. gibt. Aber in dieser Welt der Gegensätze existiert auch das Gegenteil davon.

Wir sind zwar schon im Beginn des neuen Zeitalters, in dem sich die Dualität, also die starken Gegensätze, immer mehr auflösen werden, in dem das „Dunkle" keinen Platz mehr hat – doch zur Zeit spielt es noch „sein Spiel" in dieser Ebene. Jeder einzelne, den ich je vom Heilungsweg habe abfallen sehen, hatte Fremdenergien/Besetzungen.

Die, die ich bisher habe abfallen sehen, haben es nicht geschafft, ihre spirituelle Disziplin durchzuführen, haben somit ihre Freude nicht konstant hoch gehalten und ihr Energiefeld nicht stark genug aufgebaut. Außerdem sind sie dann meist so stark im Ego, dass sie ihre Seele oder jemanden wie mich nicht mehr hören können. Das Ego will alles selbst regeln, kann dies aber nicht, da es sehr begrenzt ist.

Der Heiler führt nicht die spirituelle Disziplin für die Menschen durch, genauso wenig wie ein Trainer im Sportstudio die Übungen für uns durchführt.

Mir ist nicht bekannt, dass es Aufstieg/Heilung ohne Meditation, eigenes Einbringen oder ohne Arbeiten mit einem spirituellen Lehrer gibt.

Was ist das Ego und wie entsteht es?

Irgendwann lagst du in deinem Babybettchen und weintest. Du weintest und weintest und niemand kam. Du warst es gewohnt, eins mit deiner Mutter zu sein und nahmst in diesem Moment zum ersten Mal die Trennung von deiner Mutter wahr, die dich vielleicht nur zwei Minuten schreien ließ.

Die Idee der Trennung war geboren und damit auch das Ego. Du dachtest, du musst sterben, du hattest Hunger oder Durst oder Bauchweh oder all das auf einmal. Ego-Strukturen entwickeln sich nur aus Situationen der Angst, des Leids, des Mangels, der Krankheit usw.

Der Verstand entwickelt in diesen Situationen Kontexte/Schlussfolgerungen, die sich im Unterbewusstsein als Wahrheit festsetzen – egal, ob sie wahr sind oder nicht.

Kontexte, im Guten wie im Schlechten, haben die Eigenschaft, sich immer wieder Recht darüber holen zu wollen, dass sie Recht haben.

Es sind also Programme und Muster, die da entstehen. Diese Muster wiederholen sich im Laufe des Lebens mit oft sehr traurigen Auswirkungen, wie du vielleicht selbst schon erfahren hast. Die Bildung des Egos geht im Laufe des Lebens weiter, immer mehr, meist negative, Kontexte bilden sich.

Im Kindergarten wurdest du eventuell mit Bauklötzen beworfen, neue Egostrukturen bildeten sich, ein neuer Kontext: „Die Welt ist böse und brutal.", „Ich wurde abgegeben.", „Ganz allein muss ich gegen das Böse in der Welt kämpfen." und viele mehr. Misstrauen kam ins Spiel, du bautest eine „Schutzschicht" nach der anderen auf, bis das Licht, die Liebe und die Freude, die du in Wahrheit bist, die man in jedem Baby sieht, eingekapselt war.

Die Aufgabe des Heilers/spirituellen Lehrers ist es, diese Schichten, ähnlich wie bei einer Zwiebel, durch Energiearbeit abzulösen, bis der leuchtende, liebevolle, freudvolle Kern wieder da ist.

Ohne Energiearbeit/Entprogrammieren bleiben diese Dinge und zeigen sich in Form von „Geisterschiffen", also wiederkehrenden Mustern. Sie können nicht durch Reden, Nachdenken oder Lesen abgelöst werden.

Das Ego ist ein „Kontrollfreak", arrogant und der Meinung, es kann immer alles allein regeln. Daraus resultieren die Widerstände gegen energetische Heilung. Bei vielen, aber nicht bei allen, versuchen diese teils sehr eigenständigen Schmerzkörper-/Egostrukturen, die Arbeit mit dem Heiler zu boykottieren. Sie wollen sich natürlich nicht ablösen lassen. Sie liegen praktisch „auf der Lauer" und suchen „Fehler" beim Heiler. Manchmal beginnen sie, den Heiler zu analysieren oder zu belehren. Viele versuchen auch während Sitzungen, so lange es geht, im „Redemodus" zu bleiben, um energetische Arbeit möglichst zu verhindern. Wie gesagt, das sind nicht die Menschen selbst, denn sie kommen ja, um Heilung zu erfahren. Es sind die alten Strukturen, die bleiben wollen. Tiefe Heilung geschieht in tiefer Entspannung und in Stille, denn nur in ihr haben wir Zugang zum Unterbewusstsein. All das machen die Menschen nicht absichtlich oder mit böser Absicht, sie werden in diesen Momenten von den Leidstrukturen „beraten" und sind sich nicht bewusst darüber.

Während meines eigenen Coachingtrainings hatte ich so starke Widerstände, dass ich einmal ein Seminar verließ.

Der Coach hatte mich vor der ganzen Gruppe gefragt, warum ich „gewählt" hatte, zu spät zu kommen. Ich rechtfertigte mich sofort: „Der Babysitter kam zu spät, auf dem Weg hierher war

Stau und außerdem war kein Parkplatz zu finden!" Sie stellte mir dieselbe Frage noch einmal und dann bin ich raus ... das „Opferspielen" funktionierte natürlich nicht mit ihr. Zu dem Zeitpunkt wusste ich zwar, dass wir selbst jedes Detail erschaffen, hatte es aber noch nicht verinnerlicht und fiel in solchen Situationen ins „Opfer-/Täterspiel" zurück. Tatsächlich: hätte ich wirklich die Absicht gehabt, pünktlich zu sein, wäre ich es gewesen. An dem Tag ging ich wieder zurück ins Seminar und machte somit einen Quantensprung.

Der Weg der Bewusstwerdung ist nicht unbedingt immer „nett". Niemand lässt sich gerne „enttarnen". Nur stehen einem diese Angewohnheiten des Egos im Weg, sie sind das, was Unglücklichsein und Stress hervorbringen. Unpünktlichsein z. B. macht nicht glücklich, weder mich selbst noch andere.

Immer wieder den Eltern die Schuld für das eigene Unglück zu geben, ist sehr weit verbreitet. Ein ganzheitlich arbeitender Kollege, Dr. Ron Smothermon sagt, wenn man lebt, haben die Eltern alles richtig gemacht. Sie haben einen genug geliebt, selbst wenn sie es nicht so zeigen konnten, wie man es sich gewünscht hätte, sonst wäre man nicht hier. Wir brauchen Liebe, um zu gedeihen und zu leben.

Wir suchen uns unsere Eltern und alle in unserem Leben selbst aus, in der Ebene der bedingungslosen Liebe, der Gegensatzlosigkeit, weil wir Gegensätze erfahren und expandieren wollten. Alles wurde genauestens geplant, weil wir genau diese Erfahrungen brauchten.

Wenn wir es schaffen, uns auf den Standpunkt der absoluten Liebe zu stellen, fällt sofort „anderen die Schuld geben" und jegliches Opferspielen weg, denn wir wollten genau diese Erfahrungen. Das Annehmen von Urheberschaft ist eine der sieben Haupteinweihungen, die wir bis zur Meisterschaft durchlaufen.

Egostrukturen werden im Laufe des Lebens stärker und können bei vielen als eigenständige Strukturen gesehen werden. Diese sogenannten „Schmerzkörperstrukturen" tun natürlich in den ersten Jahren auf dem Heilungsweg alles, um zu überleben. Ihnen ist es völlig gleichgültig, wie es uns dabei geht, ihnen geht es nur ums Weiterbestehen.

Kennst du das Problem des „zu viel Denkens"? Westliche Menschen haben durchschnittlich 40.000 bis 90.000 (meist negative) Gedanken pro Tag. Das Gequassel im Kopf kommt immer von den Egostrukturen.

Wir selbst können diese Strukturen bändigen. Sie haben uns nur vorgegaukelt, dass sie „wir" seien.

Diese Strukturen sind das sogenannte „falsche Selbst" und werden im Laufe des Heilungsweges allesamt abgelöst und mit Liebe, Licht, Freude und positiven, bewussten, neuen Kontexten ersetzt.

Wenn wir etwas entziehen, ist es ein Entzug, es können also Entzugserscheinungen auftreten. Nebenwirkungen wie Übelkeit u. ä. kommen inzwischen in meiner Arbeit nicht mehr vor, waren aber mal ein Problem, bis ich lernte, an der richtigen Stelle mit Ablösearbeit aufzuhören. Natürlich möchte ich schnelle Ergebnisse für die Menschen, mit denen ich arbeite.

Der Körper kann immer nur eine gewisse Menge an Licht integrieren. Ansonsten wäre er vergleichbar mit einer Glühbirne, die man in eine 20.000-Volt-Steckdose steckt. Man würde es nicht überleben. Aus diesem Grund ist es ein Weg, auf den wir uns mehrere Leben lang vorbereitet haben, um diese Zeit des energetischen Aufstiegs der Erde zu nutzen. Das ist auch der Grund für die vielen Menschen, die im Moment inkarniert sind.

Die geistige Welt zeigte mir vor vielen Jahren etwas, das uns die Transformation besser verstehen lässt …

... zum Beispiel, wenn du dir vorstellst, dass du dein Leben lang, ohne dass du es wusstest, Brot in einer Brotdose gesammelt hast.

Du hast also Definitionen, Kontexte, Wahrheiten gesammelt und wusstest nicht, dass es diese Brotdose überhaupt gibt. Du hast dich auch nicht darum gekümmert, wie das Brot sich in der Brotdose hält.

Mit den Jahren und Jahrzehnten fing dieses Brot an zu schimmeln, ohne dass du es merktest. Die negativen Kontexte hatten sich in deinem Leben schon längst verselbstständigt und haben sich immer wieder Recht darüber geholt, dass sie Recht haben.

Die Aufgabe des Heilers besteht u. a. darin, diese alte Brotdose zu leeren und eine bessere zu erschaffen, in der deine neuen Erkenntnisse so lagern, dass sie frisch und schön bleiben.

Das Bild des Brotes hat für mich etwas mit Jesus zu tun, es ist so gesehen das „Brot der Erkenntnis".

Das ist also eine der Aufgaben: die alte Brotdose, alles, was schimmelig ist, was nicht hilft, zu leeren und die neue zu füllen mit den schönen Kontexten und Wahrheiten und dann gut darauf aufzupassen, sie zu pflegen, mit Liebe, Energie, Hingabe, Meditation und Coaching.

Sagen wir mal, du hast ein ganzes „Brot der Erkenntnis" vor dir liegen, hast schon wunderbare Dinge bewusst erschaffen und hörst dann auf mit dem Meditieren/Coachen. Bisher habe ich noch niemanden erlebt, der von Anfang an die spirituelle Disziplin durchzieht. Dann verschlechtert sich natürlich die Situation erstmal wieder. Es ist wirklich sehr vergleichbar mit Sporttreiben ... hört man auf, bilden sich die Muskeln und die Ausdauer zurück. Teil der Herausforderung des Heilungsweges ist es also, dass der Stress, das Vergessen kommt und Scheibe für Scheibe von dem Brot der Erkenntnis abschneidet – wenn man nicht wach bleibt, bis es weg ist.

Kontextuelles Coaching

Nach Beendigung der Beziehung und Ehe nach 17 Jahren lernte ich einen Coach kennen, und machte bei ihr ein Jahrestraining. Im Laufe der Arbeit mit ihr deckte sie unbewusste Muster bei mir auf. Ich war geschockt, als sie mir diese aufzeigte, bis dahin waren sie mir ja nicht bewusst.

Dieses Training basierte auf kontextuellem Coaching, das heißt, alte negative Kontexte werden identifiziert und mit etwas Besserem, mit neuen Kontexten, ersetzt.

Auf meinem Weg habe ich all die Jahre das gesucht, was ganzheitliche Heilung bringt, und habe es auch hier nicht gefunden, da die alte „Brotdose" energetisch nicht geleert wurde. Über das schimmelige Brot wurde neues Brot gelegt, was sich auch eine Zeit lang gut hielt und gut funktionierte. Es wurden also neue Kontexte auf die alten gelegt, aber das Alte wurde energetisch nicht wirklich abgelöst.

Wir haben anfangs alle gemerkt, dass es gut funktioniert, aber wir haben auch gemerkt, dass es nicht von Dauer ist, da das alte Brot dann doch wieder durchkam und auch das neue Brot schimmelig werden ließ.

Dieser Weg brachte also keine dauerhafte Freude, es war wieder ein „missing link" in diesem Ansatz enthalten.

Dann kamen die Einweihungen für Reiki, bis zum Reikimeister. Es folgten Ausbildungen zum Hypnosecoach, Rückführungstherapeuten, psychologischen Berater und der Master in Psychologie.

Der Tag, an dem die Hellsichtigkeit begann:

Meine britische Ausbilderin und ich besuchten einen indischen Ashram in der Nähe von Frankfurt und wohnten in einem modernen Apartment, bei einem jungen Unternehmerpärchen. Der Unternehmer brachte uns morgens das Frühstück.

Wir kamen mit ihm ins Gespräch und er sagte, dass bei ihnen schon einmal eine Britin zu Gast war, aber ihm fiel der Name nicht mehr ein. In dem Moment war mir klar, dass sie Cathy hieß, und sagte das auch. Er holte das Gästebuch und suchte verzweifelt nach dem Eintrag, fand ihn, wurde etwas blass und bestätigte den Namen. Das hatte er noch ganz gut verkraftet und erzählte uns dann etwas über einen seiner Freunde, es hatte nichts mit Wandern o. Ä. zu tun. Ich fragte ihn, ob sein Freund zufällig schonmal im zweiten Camp im Himalaya war. Er schien sich daraufhin nicht sehr wohl zu fühlen, verabschiedete sich von uns und sagte, dass er schon Einiges erlebt habe, ihm das jetzt aber zuviel sei und wir uns an seine Frau wenden könnten.

An dem Tag merkte ich, dass etwas passiert war. Dass etwas Neues in meinem Leben war. Ich kannte mich nicht mit Himalayacamps aus, ich wusste nur, dass er bis ins zweite Camp gewandert war. Und so war also die Hellsichtigkeit da.

Ich saß in Cafés und bekam Informationen von Menschen um mich herum, meist in Bildern, und wollte natürlich wissen, ob das stimmte, was ich sah.

An eine Situation erinnere ich mich gut. Ich fragte in einem Café einen Mann vom Nebentisch, ob er ein Haus in Griechenland besitzt, und beschrieb es anscheinend sehr genau. Er war überrascht und fragte, wie es sein kann, dass ich von dem Haus wusste.

Solche Begegnungen hatte ich viele, in den ersten Jahren auch in Diskos, in Kneipen, in der Stadt usw. Manchen, für die ich etwas gesehen hatte, begegnete ich nach einiger Zeit wieder und erhielt oft verblüffende Bestätigungen. So baute sich mein Vertrauen in das, was ich sah, immer mehr auf.

Meine Reikilehrerin brachte mir bei, wie ich „absichtlich" hellsehen kann. Sie gab mir ihren Ring in die Hand und nach kurzer Zeit erhielt ich innere Bilder und konnte ihr erzählen, was der Ring für sie bedeutet, dass er etwas mit Ägypten zu tun hat und es kamen dann auch weitere Informationen, die nichts mit dem Ring zu tun hatten. Sie bestätigte alles genauso und ich begann zu üben.

Psychometrie, das Einfühlen über einen Gegenstand, war anfangs für mich ein Hilfsmittel, die Bilder, die ich erhielt, zu kanalisieren und mich auf einen Menschen einzustellen, der das auch wollte. Das war aber nur in den ersten Jahren, dann lernte ich, mich auch ohne den direkten Kontakt zu verbinden.

Und so begann ich mit dieser Arbeit – mit Beratung, Heilarbeit, Seminaren, Ausbildungen und einer Meditationsgruppe, die zum jetzigen Zeitpunkt seit 18 Jahren existiert. Ich habe auch einige Jahre telefonische Beratungen gegeben, u. a. für Questico/Astro TV. Hellsehen funktioniert auch auf die Ferne. Es ist keine besondere Fähigkeit, jeder kann es. Alle, mit denen ich schon länger arbeite, sind hellsichtig geworden. Durch die Klärung des Stirnchakras, das Ablösen der alten Ängste vor diesen Fähigkeiten, Meditation, Coachen und Lichtarbeit werden diese gar nicht übernatürlichen Fähigkeiten wie Hellsichtigkeit und Heilkräfte wieder hervorgebracht.

Besetzungen und wie man sich
vor ihnen schützen kann

Fremdenergien lieben Konflikte, Streit, Drama, Angst, Drogen, Alkohol und werden davon angezogen. Wenn wir uns im Gefühl der Freude stabilisieren und unser Energiefeld stark aufbauen, sind wir vor diesen fremden, negativen Energien geschützt. Konstante Freude kann man, soweit ich weiß, nur durch Meditation und eine spirituelle Disziplin erreichen.

Kennst du eventuell jemanden, bei dem sich durch zu viel Alkohol die Persönlichkeit verändert, bis hin zu sehr aggressiv und gefährlich? Bei diesen Phänomenen sind immer Fremdenergien im Spiel. Meiner Meinung nach sind sie auch Hauptauslöser für Psychosen und andere psychische Krankheiten.

Ich habe vor einigen Jahren eine Geschichte mit einem Klienten erlebt, der zehn Sitzungen bei mir buchte. Nach ein paar Sitzungen – er hatte seine eigene spirituelle Disziplin noch nicht gefunden oder durchgeführt – schrieb mir der junge Mann und angehende Lehrer eine Nachricht auf WhatsApp. „Anna, ich habe meinem Vater erzählt, was du noch so alles machst (hellsehen und so weiter), und er ist absolut nicht bereit, diese Sitzungen weiter zu bezahlen. Ich will sie auch nicht mehr machen." Darauf habe ich zunächst nicht geantwortet und mich mit ihm auf Seelenebene verbunden.

Die geistige Welt riet mir, die Besetzung abzulösen, auch wenn ich das normalerweise außerhalb von Sitzungen nicht mache. Das tat ich … Zirka anderthalb Stunden später schrieb er mir wieder, ein völlig anderer Mensch: „Anna, ich habe zum ersten Mal überhaupt ein gutes Verhältnis mit meiner Mutter, seitdem ich mit dir arbeite. Ich habe so viel Liebe gespürt wie noch nie … Wie konnte ich nur, was war nur mit mir los? Mir ist es völlig egal, ob mein Vater die Sitzungen bezahlt, ich möchte sie gerne machen." Das war eine Hundertachtzig-Grad-Wende, er konnte wieder auf die Wünsche seiner Seele hören und wir arbeiteten miteinander weiter.

Mir ist aufgefallen, wenn jemand eine Besetzung hat, beginnt er/sie nicht nur, spirituelles Arbeiten zu lassen. Er/sie tut außerdem einiges, um andere, die auf dem Weg sind, davon abzuhalten.

Der Weg geht nur über Hingabe, aber Hingabe wird ein anderes Thema sein.

Sicherlich fragst du dich, wie man Fremdenergien entfernen kann. Um sie ins Licht zu schicken, muss man meiner Meinung nach initiiert werden. Meine Initiierung habe ich von der geistigen Welt erhalten. Um Besetzungen und Fremdenergien zu entfernen – sei es im Haus, an einem Ort oder an Menschen – arbeite ich immer mit Jesus, Erzengel Michael und einer kristallinen Energie, auf die ich später etwas näher eingehe.

Vor vielen Jahren hatte ich einen Paralleltraum mit meiner Reikilehrerin, in dem uns beiden auf die komplett gleiche Art und Weise gezeigt wurde, wie man dämonische Besetzungen ablöst. Einige Zeit danach habe ich noch eine andere Methode von der geistigen Welt erhalten, mit der arbeite ich heute.

Energetisches Ablösen funktioniert auch auf die Ferne – wie alles, was energetisch ist – weil es keine Trennung gibt. Trennung ist nur eine Idee des Egos in dieser Ebene. Zwischen Seelen gibt es keine Trennung. Man könnte auch am anderen Ende der Welt Besetzungen ablösen und Häuser und Orte energetisch reinigen.

Es kann nur das passieren, was wir erlauben; allerdings auch das, was wir auf unbewusster Ebene erlauben. Und da darf man bei jedem genau schauen, ob es eine unbewusste Erlaubnis für das Einschreiten dunkler Energien gibt.

Um nochmal den „Ernst der Lage" zu beschreiben, auch wenn ich das gerne leicht und spielerisch mache: alle, die bisher durch Besetzungen vom Aufstiegsweg abgefallen sind, haben schlimme Schicksale erlebt, entweder gesundheitliche Probleme bis hin zum Tod oder geschäftliche Sorgen, extreme familiäre Probleme usw. Es gibt immer Ersterfolge mit dieser Arbeit. Man erhält Feedback vom Leben, Dinge beginnen, sich zu wandeln. Verlorene Lieben, Freunde oder Familienmitglieder melden sich plötzlich wieder, Ängste oder Schmerzen verschwinden, die Finanzen verbessern sich ... Das kann leider die Egostrukturen pushen und ihnen suggerieren, dass sie selbst dafür verantwortlich sind und man somit geheilt ist und kein weiteres Arbeiten braucht. Es wird dann aber so sein, dass all das, was noch nicht geheilt war, sich meist auf noch unangenehmere Art und Weise als vorher zeigt.

Besetzungen sind ebenfalls bei spirituellen Lehrern sehr weit verbreitet und somit auch in Gruppen, die sich ausbilden lassen.

Eine ehemalige Klientin machte eine Ausbildung im Bereich „Heilung". Von dort kam sie jedes Mal mit einer Besetzung zurück, konnte nicht mehr meditieren und war wieder stärker im Ego. Der Ausbilder war sich bewusst darüber, dass viele seiner Schützlinge Besetzungen hatten; das kommunizierte er offen mit ihnen und auch, dass er sie leider nicht ablösen konnte.

Es kommt sehr oft vor, dass die, die energetisch arbeiten, negative Energien oder Fremdenergien nicht ablösen können. Es besteht dann eine große Gefahr der „Ansteckung", da man sich ja in solchen Gruppen öffnet.

Vor allem in der ersten Zeit, in der ich begann, Fremdenergien abzulösen, waren diese oft sehr angreifend und haben alles getan, um mich dort zu erwischen, wo sie mich in irgendeine Form von Reaktion hätten bringen können. Manche Energien dieser Art, so ist mir aufgefallen, haben ein „goldenes Herz" und machen keinen „Aufstand", wenn sie in höhere Dimensionen geschickt werden. Sie wollen das sogar. Sie haben aber Angst, dass sie „Ärger" bekommen könnten.

Bei der dunklen Seite gibt es auch eine Hierarchie. Sie bekommen die Aufträge, möglichst viele Seelen vom Lichtweg abzuholen, sie in die „Verführung und in Zweifel" zu bringen. Vor dem Ablösen fragen sie mich oft, ob sie dort, wo sie hingehen, bestraft werden. Sie basieren vollkommen auf Angst, wie das Ego auch.

Meiner Meinung nach sind diese Wesen nicht grundsätzlich schlecht, sie haben sich einfach nur im Laufe der Zeit sehr weit von Gott und dem Licht entfernt. Es ist jetzt das Zeitalter, in dem sie die Erde verlassen. Die energetische Grundlage ist für die dunkle Seite inzwischen nicht mehr vorhanden. In einem goldenen Zeitalter gibt es diese starke Dualität nicht mehr. Das wissen sie auch. Aber im Moment ist die Zeit des Übergangs, sie sind noch da und spielen ihr Spiel.

Dass das Dunkle seine Macht verliert, erkennt man auf irdischer Ebene daran, dass immer mehr Machenschaften von mächtigen und korrupten Menschen aufgedeckt werden.

„Skandale" und Unwahrheiten, welche Jahre, Jahrzehnte oder Jahrhunderte lang vertuscht wurden, kommen jetzt ans Licht. Die Macht der Geheimnisse verschwindet.

Eine Klientin hatte sich zwei oder drei Jahre vom Aufstiegsweg verabschiedet und kam dann zu mir zurück. Sie sagte mir, dass die Zeit ohne spirituelle Weiterentwicklung sehr schlimm und sinnentleert war; dass das irdische Leben sie wieder komplett „absorbiert" hatte und sie sich sehr getrennt fühlte von der geistigen Welt.

Für meine Arbeit ist es dann so, dass es lange dauert, bis der Lichtquotient wieder erreicht ist, der bereits aufgebaut war, bevor die Menschen sich vom Heilungsweg verabschiedeten. Es dauert dann oft ein bis zwei Jahre, bis er überhaupt wieder dort ist, wo er schonmal war.

Denn – die geistige Welt hatte mir das so erklärt – der Aufbau und der Abbau des Lichtquotienten sind vergleichbar mit Rodeln gehen … Wenn man den Schlitten den Berg hinauf zieht, ist man nicht sehr schnell, aber bergab geht es mit dem Schlitten richtig flott.

Ähnlich, wie mit einem Hochleistungssportler, der nach einer längeren Pause auch erstmal wieder viel trainieren muss, um sein ursprüngliches Fitnesslevel zu erreichen.

„Ein Kurs in Wundern" im Zusammenhang mit dem Aufstiegsweg

„Ein Kurs in Wundern" ist sicherlich eines der faszinierendsten Bücher, welches ich je gelesen habe.

Der Kurs hat in mir tatsächlich eine, für mich neue, Art des Erwachens ausgelöst. Er wurde von einer Psychologin gechannelt. Die Absicht des Buches ist sicherlich das Erwachen der eigenen Heiligkeit und auch unterscheiden zu lernen, was vom Ego und was von der Seele kommt.

Schauen wir uns die Situation genau an:
Wenn wir Kinder des Göttlichen sind, dann ist es logisch, dass wir auch heilig sind und diesen göttlichen Kern in uns tragen.

Der Kurs hat bei mir enorme Entwicklungsschübe mit sich gebracht, besonders die Aufhebung vom Konzept der Schuld – da ja alles von uns selbst geplant wird und unseren Erfahrungsschatz bereichert.

Ich fuhr, nachdem ich den „Kurs in Wundern" zu Ende gelesen hatte, zum indischen Ashram in meine „Stammunterkunft". Auf der dreieinhalb stündigen Fahrt bat ich darum, Antworten zu bekommen über den Kurs, damit ich besser verstehe, warum er in mein Leben kam.

Als ich die Unterkunft erreichte, waren drei Frauen, auch als Gäste, bereits dort. Alle drei arbeiteten hauptberuflich mit dem „Kurs in Wundern", allein das war schon ein Wunder. Ich wusste nicht, dass überhaupt jemand hauptberuflich mit dem Kurs arbeitet.

Wir tauschten uns intensiv aus. Eine der Frauen fragte mich, was der Kurs mit mir gemacht hat. Diese Frage war die Antwort auf all meine Fragen über den Kurs. In der Zeit des Aufwachens war plötzlich alles heilig. Auffällig heilig.

Ein besonderes Erlebnis hatte ich in dieser Zeit in meiner Heimatstadt Wolfenbüttel, in einem Café, wahrscheinlich an einem Sonntagmorgen. Leute holten ihre Brötchen, ich habe dort meine Coaching-Meditationssitzung gemacht. Ein Mann im Rollstuhl kam an den Nebentisch und trank einen Kaffee. Wir waren die einzigen, die draußen saßen, und es war noch die Zeit, in der ich auch außerhalb von Sitzungen für Fremde hell gesehen habe. Wir kamen ins Gespräch. Ich sah die Details von seinem Unfall, beschrieb ihm diesen und nahm auch wahr, dass er eine Nahtoderfahrung hatte. Ich sagte ihm, dass er Ingenieur war, vor dem Unfall ein sehr erfolgreiches Leben hatte und dass er jetzt eigentlich nur noch wegen seiner Mutter hier ist. Er weinte und fragte mich, ob ich Mutter Maria sei. Er fühlte also die enge Verbindung, die ich mit ihr habe.

„Meine" Mutter Maria gehört keiner von Menschen erschaffenen Religion an. Sie ist eine Manifestation des göttlich Weiblichen. Manchmal frage ich mich, wie es sein kann, dass manche Religionen den weiblichen Aspekt komplett ausblenden. Wie soll Schöpfung ohne die Verschmelzung des Männlichen mit dem Weiblichen möglich sein?

Verschiedenste Menschen begannen, mir diese herrliche Entwicklung der Heiligkeit zu spiegeln, immer und immer wieder. Ein Bekannter, für den ich schon einige Male hellgesehen hatte, besonders über seinen verstorbenen Hund und Situationen aus seiner Kindheit, fragte mich, ob ich ein Engel sei. Ein ganz normaler Mann, der als Handwerksmeister arbeitet. Es gab mir schon zu denken, dass so ein Mann, der „mit beiden Beinen im Leben steht", so eine Frage stellte.

Über die Jahre sind immer wieder neue Aspekte hinzugekommen, die hilfreich auf dem Heilungsweg sind. Die Menschen, die sich diesem Weg wirklich hingeben, verstehen, dass er einige Jahre dauert, da wir in diesem Leben die Chance haben, alles Karma, alle Egostrukturen und Muster ablösen zu lassen, alle Seelenteile zurückholen lassen können, auch aus alten Leben. Es ist verständlich, dass das nicht innerhalb von ein paar Monaten oder ein paar Sitzungen geschieht. Der Heilungsweg braucht einige Jahre – der physische Körper muss, wie schon gesagt, mit dem „Entzug" zurechtkommen.

Viele Menschen leben mit der Strategie, über Leid und Stress viel Aufmerksamkeit – und somit Energie – aus ihrem Umfeld zu beziehen. Sie definieren sich darüber. Besonders bei älteren Menschen, die das schon seit Jahrzehnten tun, bestehen sehr geringe Chancen, in diesem Leben den Aufstieg zu schaffen. Jeder kennt solche Leute, die immer nur jammern. Keiner ist gerne mit ihnen zusammen, jeder verliert Energie, wenn er auf das Klagen eingeht und jeder fühlt sich nach solchen Begegnungen ausgelaugt. Man könnte jetzt natürlich sagen, dass es nicht sehr mitfühlend ist, ihnen kein Mitleid entgegenzubringen. Nur, wenn man sich für Urheberschaft entschieden hat, kann man andere oder sich selbst nicht mehr in der Opferrolle unterstützen.

Es gibt sanfte Strategien, sich davon zu verabschieden, der emotionale Mülleimer für andere zu sein – z. B. indem man sagt, dass man einige Wochen üben möchte, nur positiv zu sprechen und zu denken und die andere Person bittet, dabei zu helfen. So hält man einen Spiegel vor und gibt die Chance, das eigene Verhalten zu erkennen. Jeder darf natürlich so viel mitleiden, wie er möchte, es hat aber seinen Preis. Mitgefühl ist eine leichtere Energie.

Dr. Joshua Stone hat einige Bücher über den Aufstiegsweg geschrieben und sagte, dass der schnellste Aufstiegsweg, den er je erlebt hat, innerhalb von sechs Jahren geschah, sodass der Lichtquotient weit über neunzig Prozent angestiegen ist. Diese sechs Jahre waren konstant in Begleitung mit einem spirituellen

Lehrer, in einem Ashram, mit täglichen, langen Meditationen, intensiver Arbeit mit dem spirituellen Lehrer und intensiver Verbindung mit Mutter Erde und der Natur.

Viele hadern damit, dass der Ablöse- und Aufstiegsprozess länger dauert, und lassen sich von den Egostrukturen einreden, dass es doch mit einigen Sitzungen getan sein müsste und gehen in Widerstände, wenn z. B. das Thema Finanzen noch nicht nach zehn Minuten Energiearbeit gelöst ist. Je stärker die Egostrukturen, umso schwieriger ist es, durch diese Widerstände hindurch zu gehen. Diese Strukturen wollen immer nur kurzfristige Befriedigung und niemals dauerhafte Heilung. Es ist anfangs sehr schwer zu unterscheiden, wer einen gerade „berät". Das Engelchen auf der Schulter ist viel leiser und zurückhaltender als das Ego.

Ich kann nicht sagen, wie lange es braucht, ein Thema abzulösen. Das wird mir zum Glück nicht gezeigt. Wenn du konstante Freude fühlst und die irdische Anhaftung losgelassen hast und in deinen Aufgaben stehst, die du liebst, die Licht in die Welt bringen und vor allem, wenn du nicht mehr fragst, wann du endlich den Aufstieg geschafft hast, weil du auch das losgelassen hast, dann bist du extrem weit gekommen.

Ich erinnere mich, als ich mit 18 Jahren meine ersten Ausbildungen begann, sagte meine Lehrerin zu mir: „Du trägst viel mehr Licht in dir, als die anderen, die ich bisher kennen gelernt habe." Sie hatte Hunderte von astrologischen Analysen gemacht (und einen Riesenkarteikasten). Ich fragte sie, wie hoch er denn sei. Ihre Antwort war, „bei ca. 60 Prozent". Davon war ich nicht sehr begeistert. „Die meisten Menschen schwingen auf einem Lichtquotienten von zirka 30 Prozent oder darunter", behauptete sie. Der Lichtquotient geht wohl Hand in Hand mit dem „Freudequotienten". Wenn ihr euch die Leute anschaut – wo ist bei den meisten die Freude? Die liegt oft nur bei 30 Prozent oder darunter, ist nicht konstant und wird meist durch äußere Umstände hervorgerufen. Äußerlichkeiten sind schön und gut –

ich liebe auch schöne Dinge und habe Freude daran – aber wie ihr bestimmt schon gemerkt habt, geben diese Dinge – die neuen Stiefel, das neue Auto, Qualifikationen, Status usw. – keine konstante Freude. Sie bewirken einen Endorphin-Schub und man freut sich vielleicht drei Tage darüber, vielleicht auch drei Monate, aber sie bringen nicht die dauerhafte Freude, die die intensive Verbindung mit den höheren Dimensionen, mit dem Göttlichen, bringt. Können sie auch nicht.

Ich kann sagen, dass die Menschen, mit denen ich arbeite, die wirklich mitmachen und bereit sind, ihr Ego zur Seite zu stellen, es transzendieren zu lassen, eine komplette Transformation in allen Lebensbereichen erfahren. Das kann ich jedem garantieren, der dabei bleibt. Heilung geschieht durch eigene Erkenntnisse, über das Erinnern, wer man wirklich ist, was man wirklich kann und durch intensives Üben, Meister im Glücklichsein zu sein. Der Heiler kann die Menschen daran erinnern, wie es geht, bewusst Realität zu erschaffen. Er kann sie heilen, er kann „die alte Brotdose" mit den nicht hilfreichen Kontexten, Ideen, Mustern, Definitionen, Karma, Überzeugungen usw. leeren und somit natürlich das Außen verändern.

Was ich immer wieder erlebe, ist, dass die Menschen ihre finanziellen Aufwände für den spirituellen Weg großzügig ausgeglichen bekommen und oft unerwartete Geldbeträge erhalten; sehr große und auch weniger große von „nur" ein paar Tausend Euro.

Es kamen bisher u. a. größere Geldbeträge mit der Post, wo eigentlich eine Rechnung erwartet wurde. Dieses Phänomen passiert im Laufe der Zeit auf dem Heilungsweg – Bausparverträge wurden gefunden, die man vergessen hatte; Erbschaften wurden gemacht, sogar ohne, dass jemand gestorben ist, weil sich z. B. ein Elternteil entschieden hat, einen Teil des Vermögens schon zu Lebzeiten zu verteilen usw. Viele Beförderungen und geschäftliche Expansionen sind geschehen. Das freut mich immer sehr.

Es ist bei jedem so, der den Weg wirklich geht und die Energiegesetze versteht und einhält. Wie schon gesagt, funktioniert Energiearbeit ohne Energieausgleich nicht, im Gegenteil.

Finanzielle Fülle ist ein „Nebenprodukt" dieser Arbeit; genauso wie das Hervorkommen der Hellsichtigkeit und der jedem innewohnenden Heilkräfte. Es passiert einfach im Laufe der Zeit. Ich habe noch bei niemandem erlebt, der seit mehreren Jahren dabei ist, dass er nicht hellsichtig geworden ist. Auch wenn er selbst meint, dass er es nicht sei, kann er in Seminaren über Hellsichtigkeit oder in Sitzungen bei tiefer Entspannung immer hellsehen.

Wenn wir Gott, die „Heilige Einheit", an die oberste Stelle unserer Lebenspyramide setzen, fließt diese Energie automatisch in alle Lebensbereiche hinein und verbessert sie. Das Gefühl von Fülle ist ein Nebenprodukt des Heilungsweges, ist eine logische Konsequenz. Geld fließt zu uns ungefähr in dem Grad, wie unsere Begeisterung ist, unsere Freude. Und wenn die nicht da ist, wenn nichts gegeben wird, kann auch nichts empfangen werden. Je mehr man die Freude aufbaut, umso mehr Fülle ist da.

Jeder hat einen Mechanismus in sich, der Wahrheit und Liebe erkennt. Die Intuition wächst mit der eigenen Entwicklung und Heilung. Ich habe mal irgendwo gelesen, dass Intuition immer der göttliche Wille ist. Je mehr wir ihr folgen, umso glücklicher sind wir. Wann immer wir gegen sie angehen – uns überreden lassen, etwas zu tun, was gegen die Intuition geht, ob von anderen oder von unseren Egostrukturen – machen wir unangenehme Erfahrungen.

Die meisten, von denen ich gerne gelernt habe – ganzheitlich arbeitende Psychologen, Mentaltrainer und spirituelle Lehrer hauptsächlich – haben den „Kurs in Wundern" gelesen. In der Zeit nach dem Lesen dieses Buches war ich nochmals bei der indischen Meditationslehrerin und saß sehr weit vorne, so dass ich sie genau sehen konnte. Die Meditationen wurden immer in einem großen Raum abgehalten, in dem jedes Mal 250 Menschen saßen.

Ich sah mit meinen physischen Augen, wie Tränen ihr Gesicht herunterliefen. Wasser. Physische Tränen und davon viele. Und das ging über die gesamte Dauer des Darshans, also ca. zwei Stunden lang. Auch als ich vorne bei ihr war, liefen die Tränen in Strömen (meiner Meinung nach) und ich dachte noch: „Das ist ja enorm, dass sie mit uns arbeitet, obwohl sie anscheinend gerade Probleme hat."

Wir waren in einer Gruppe von sieben Leuten dort. Nach dem Darshan fragte ich die aus meiner Gruppe, die vor mir und nach mir vorne bei der Inderin waren, was sie meinten, warum sie so stark geweint hat. Aber keiner hatte sie weinen sehen, was mich vor ein großes Problem stellte. Hier war nun etwas, was ich mir echt nicht erklären konnte, was mich natürlich auch etwas beunruhigte, obwohl es sich nicht schlecht anfühlte. Ich erinnere mich, ich habe in den zwei Stunden, in denen ich das beobachtet hatte, noch gedacht – bei den vielen Tränen, die sie weint, warum fallen sie nicht auf ihr Seidenkleid? Ich ging zu einem der Männer, der zu ihrem Team gehörte und erzählte ihm von meiner Erfahrung. Er schaute mich liebevoll an, lächelte und fragte mich, ob ich gerade irgendein Problem und in letzter Zeit geweint hätte. Als ich das bestätigte, sagte er, dass sie mir das nur gespiegelt hat und viele schon diese Erfahrung bei ihr machten. Da war ich beruhigt. Auch umgekehrt erlebte ich das einmal. Sie sah für mich super glücklich aus, obwohl ihr Gesichtsausdruck für andere unverändert gleich war.

An dem Abend ist noch etwas Verrücktes in der Unterkunft passiert, in der wir alle untergebracht waren. Wir wohnten in einer schönen Villa. Zu unserer Gruppe gehörte ein Mann, der nicht mit in der Villa schlief, sondern im Gartenhaus, welches zirka zwanzig Meter von der Villa entfernt war. Er machte den ganzen Abend Fotos. Dann fielen ihm die Batterien aus seiner

Kamera und wir alle suchten sie. Wir krabbelten auf dem Boden herum, suchten und suchten und fanden sie einfach nicht. Irgendwann war mir klar, dass die Batterien nicht in diesem Raum waren, sondern im Gartenhaus. Aber niemand war in der Zwischenzeit draußen. Ich sagte zu ihm: „Georg, ich glaube, ich habe schlechte Nachrichten für dich. Die Batterien findest du höchstwahrscheinlich im Gartenhaus." Er sagte: „Nein, bitte nicht. Ich habe heute schon so viel Verrücktes erlebt!" Er ging daraufhin ins Gartenhaus und kam tatsächlich mit den Batterien zurück. Die Bewusstseinserweiterung, die das bei uns allen hervorgerufen hat, war enorm. Etwas ist physisch gewandert und keiner von uns konnte es sich erklären.

In Frankfurt am Bahnhof ist mir nach einem Darshan etwas Ungewöhnliches passiert. Leute blieben stehen und starrten mich an, besonders Kinder. Sie weigerten sich, als ihre Eltern versuchten, sie weiterzuziehen. Ich bin dann schnell zum nächsten Spiegel und habe geguckt, ob irgendetwas Komisches an mir war, konnte aber nichts finden. Ich erkannte, dass besonders Kinder Energien sehen können.

2007 saß ich auf der Terrasse der Herforder Brauerei und hatte dort ein Erlebnis, dass ich nie vergessen werde. Meine Liebe und Verbindung mit Jesus war schon von Kindheit an da. Ich bin nicht religiös aufgewachsen, habe aber schon im frühesten Kindesalter gebetet und auch mit Gott gehadert, wenn ich mich mal wieder in der Opferrolle befand – was oft vorkam. Ebenso hatte ich als Kind eine „unsichtbare Freundin". Meine Mutter war so entspannt und tolerant, dass sie mich deshalb nicht zum Psychiater zerrte. Sie akzeptierte es einfach. Vielleicht wusste sie auch, dass es normal ist, wenn Kinder eine „unsichtbare Freundin" haben. Als ich dann in die Pubertät kam, verlor ich sie leider. Erst viel später nahm sie erneut Kontakt mit mir auf.

Die Wesen der hohen Hierarchien sind sehr höflich, liebevoll, zurückhaltend, stellen sich immer vor und fragen mich, ob ich gerade Zeit habe und mit ihnen kommunizieren möchte. Und so begann Jesus, an dem Tag auf der Terrasse, mit mir zu kommunizieren. Die geistige Welt weiß ja auch, dass ich in diesen Stunden, in denen ich coache und meditiere, besonders offen für Kommunikation bin. Er fragte mich, ob er mit seiner Energie in mich hineinkommen dürfe. Natürlich stimmte ich dem zu, nicht ahnend, was das wirklich bedeutete. Ich bin im Nachhinein so dankbar, dass ich alleine auf dieser Terrasse saß, weil ich meinen Körper nur noch sehr schlecht kontrollieren konnte. Es war eine Mischung aus „vom Stuhl fallen und zurückfallen mit dem Stuhl" – einfach eine Erfahrung, wie ich sie vorher nie gemacht hatte. Seitdem passiert das täglich, allerdings ohne diese starken körperlichen Reaktionen. Inzwischen fühlt es sich für mich normal an, aber immer wunderschön.

Es ist sicherlich ernüchternd, wenn man überzeugt davon ist, man sei die physische Inkarnation von Jesus, Maria Magdalena, Mutter Maria oder von einem anderen Heiligen und dann realisiert, dass es noch viele andere gibt, die das auch von sich glauben. Einige habe ich kennengelernt, die davon überzeugt waren.

Auf dem Aufstiegsweg entwickeln wir Fähigkeiten und erweitern unser Bewusstsein. Manche können sich das nur so erklären, dass sie selbst z. B. Jesus seien. Wenn man im Internet schaut, sieht man viele, die von sich behaupten, sie seien Jesus. Da ist ein ganz lustiger in Australien, mit einer relativ großen Community. Er hatte auch „Maria Magdalena" an seiner Seite. Diese Beziehung ging aber in die Brüche und eine neue Maria Magdalena kam.

Nach meinem jetzigen Verständnis ist es so, dass das Christusbewusstsein bei all denen erwacht, die darauf hin arbeiten und es erlauben. Damit erwachen auch die Fähigkeiten, die Heilkräfte, die Hellsichtigkeit und die Meisterschaft. Meiner Meinung nach ist es das globale Erwachen der bedingungslosen Liebe, welche Jesus lehrte, die 2.000 Jahre brauchte, um sich auf der Erde in

Form eines neuen goldenen Zeitalters zu realisieren. Dadurch, dass diese intensiven Jesus-Kontakte für viele erlebbar sind – ich bin nicht die Einzige, die sie hat – denken manche, sie seien die physischen Inkarnationen. Da alles eins ist, ist es auch auf gewisse Weise so. Es ist ja schön, wenn die Menschen das so wahrnehmen und dementsprechend leben. Ich glaube jedoch, dass es ein globales Erwachen ist, in dem jeder, der dafür bereit ist, wieder in das Christusbewusstsein kommt.

Jesus sagte: „Ihr könnt alle das, was ich kann und mehr." (Matthäus 21) Das sagen alle Avatare, mit denen ich mich je beschäftigt habe. Komisch ist, dass die Kirchen es verurteilen, wenn Menschen diese Gaben, wie z. B. Heilen und Hellsehen, üben und anderen damit helfen. Es ist doch eine Aufforderung von Jesus, diese Fähigkeiten einzusetzen. Er selbst war der Prophet, Heiler und Wunderbringer.

Mystische Begegnungen

Sieben Hellseher sagten mir ja voraus, dass ich mein Übersetzer-
diplom, welches ich in England gemacht habe, bestehe. Allerdings
bin ich, wie bereits schon erwähnt, beim ersten Versuch durch-
gefallen. Ich wollte es viel zu sehr, stand enorm unter Stress,
konnte plötzlich gar kein Englisch mehr und habe nur die letzte
der drei Klausuren bestanden – zwar gut, aber das spielte dann
auch keine Rolle mehr. Ich war sehr sauer über die Prognosen
der Hellseher und wollte auf gar keinen Fall das Diplom ein Jahr
später wiederholen, denn das hieß, noch ein Jahr lernen. Mein
älterer Sohn war zu dem Zeitpunkt etwa drei Jahre alt.

Ich entschloss mich, das Diplom tatsächlich ein Jahr später zu
wiederholen. Meine Mutter kam aus Deutschland, um in dieser
Zeit zu helfen.

An dem Tag der Prüfung hatte ich meinem Sohn versprochen,
nachmittags mit ihm und meiner Mutter angeln zu gehen. Die
Angelteiche waren in einem hübschen Touristenörtchen in der
Nähe von Andover, wo wir zu der Zeit lebten. Nach meinen
Prüfungen fuhren wir also mit meiner Mutter dorthin. Als ich
gerade aus dem Auto gestiegen war, kam eine Frau auf mich zu,
nahm meine Hand, schaute in sie und sagte, dass ich dieses Mal
bestanden hätte. Zu dem Zeitpunkt hatte sie von mir nur meine
Einwilligung erhalten, des weiteren hatte ich ihr nichts erzählt.
Dann sagte sie mir, dass mein Vater früh gestorben sei, dass
ich noch einen zweiten Sohn bekommen werde und dass beide
einen großen Bekanntheitsgrad erlangen werden. Wenn ich
mehr wissen wolle, wären jetzt 20 Pfund fällig, die ich ihr gerne
gab. Alles, was sie mir über meine Vergangenheit sagte, stimmte
hundertprozentig. Alles, was sie mir über meine Zukunft sagte,
was sich bisher hätte erfüllen können, stimmte ebenso. Mein
älterer Sohn hat z. B. derzeit über 2,5 Millionen Abonnenten

auf einem seiner YouTube-Kanäle. Seine Videos wurden unter anderem schon im deutschen, englischen und amerikanischen Fernsehen ausgestrahlt. In manchen davon „spielen" mein jüngerer Sohn und ich mit. Eines seiner Videos hat zur Zeit über 34 Millionen Aufrufe. Ein deutscher Fernsehsender hat auch schon bei uns im Haus gedreht, da machte sogar meine Mutter in dem „Prank" mit. Mein jüngerer Sohn hat ebenfalls über YouTube, andere Medien und durch eine der Hauptrollen in einem deutschen Kinofilm – zumindest in Deutschland – einen gewissen Bekanntheitsgrad erreicht. Er wird oft, besonders von Schülern, „erkannt" und um Fotos/Autogramme gebeten.

Ich hatte schon viele solcher mystischen Begegnungen, darüber könnte ich ein ganzes Buch schreiben.

Auch die, mit denen ich arbeite, berichten nach einiger Zeit der Zusammenarbeit von solchen Begegnungen. Einer Klientin/ Freundin ist es mehrfach passiert, dass Menschen sie lange anschauen und fragen, was das ist, was sie bei ihr wahrnehmen.

2008 kam mir in der Stadt eine junge Frau mit ihrer Tochter entgegen, blieb vor mir stehen und sagte:

„Ich bin Anna, das ist meine Tochter Christina, (also meine beiden Vornamen) ... Ich komme aus Lourdes und bin nur für dich nach Herford gekommen und um hier einen Jungen zu heilen". Ich vermutete sofort, dass sie mich beraten wollte, und lehnte dankend ab. Sie sagte, sie müsse dringend mit mir sprechen, sie wolle auch kein Geld. Irgendwann willigte ich ein und wir setzten uns in ein Café. Auch sie lag hundertprozentig richtig mit allem, was sie mir über meine Vergangenheit sagte und auch alles, was sie mir über die Zukunft sagte, was sich bisher hätte erfüllen können, ist so gekommen. Bis heute kann ich manche ihrer Aussagen noch nicht ganz einordnen. Die Zukunft wird es zeigen. Ihr Hauptfokus lag auf meiner Arbeit als Heilerin und Hellseherin. Sie sprach darüber, wie wichtig meine Verbindung mit Jesus ist. Sie sagte, dass sie und ich uns nicht wieder begegnen würden, was mich nach unserem Gespräch eher traurig machte. Sie sagte auch: „Ich wirke in Frankreich und du in Deutschland". Dass sie aus Lourdes kam, hatte für mich eine besondere Bedeutung, denn gerade in der Zeit begann meine intensive Verbindung mit Mutter Maria.

Ein paar Tage später war in der Stadt ein Schmuckverkäufer, der unter anderem Anhänger in Form von Pentagrammen verkaufte.

Zu dem Zeitpunkt war ich mir nicht ganz sicher, was die Unterschiede zwischen dem aufsteigenden und dem absteigenden Pentagramm sind. Ich wollte natürlich das Positive. Er hatte von jedem genau eins. Das aufsteigende Pentagramm war mit blauen Steinen verziert, das absteigende mit roten. Ich entschied mich für das mit den blauen Steinen, fragte ihn aber nochmal, ob das auch wirklich das „Gute" sei. Er schaute mir tief in die Augen und fragte: „Glauben Sie etwa, dass ich Ihnen jemals das mit den roten Steinen verkaufen würde"?

Ich trug daraufhin das Pentagramm an einem Lederbändchen um den Hals und besuchte die Familie von einem Mädchen mit Stigmata-Blutungen, über das ich später mehr erzähle.

Ihr älterer Bruder begrüßte mich, ging an mir vorbei und sagte: „Schöner Anhänger. Wenn du den mit den roten Steinen gekauft hättest, hätte ich dich für verrückt erklärt." Ich hatte mit keinem Wort den Anhänger erwähnt oder ihn gefragt, wie er ihn findet.

Drogen versus Meditation

Als ich 15 Jahre alt war, ging ich für zwei Jahre in ein Internat in Holzminden.

In der Zeit machte ich meine erste Erfahrung mit „Kiffen" mit jemandem, den ich in Holzminden in der Stadt kennengelernt hatte.

Ich bin mit dem Jungen, der das „Kiffzeug" hatte, in einen Park gegangen und saß auf der Lehne einer Parkbank. Als ich nach dem Konsumieren in die Wolken schaute, begann ich, extrem klare, farbige, sich bewegende Bilder/Filme zu sehen. Die Visionen bestanden aus vier verschiedenen Segmenten.

Zu dem Zeitpunkt war ich ungefähr 16 Jahre alt. Als erstes sah ich einen Treck, der durch einen Canyon zog, mit Pferden und Planwagen, wie in einem Western. Als Nächstes sah ich Zeichentrickfilme mit Mickey Mouse und seinen Freunden und fragte den Jungen, ob er das auch sieht. Er machte sich sicher ernste Sorgen um meinen Zustand, weil ich nicht glaubte, dass er nicht sehen konnte, was ich sah. Die „Filme" waren so klar, als ob ich sie auf dem modernsten Bildschirm anschauen würde. Im dritten Segment der Vision stand ich vor der Sphinx in Ägypten und sah jedes Detail. Danach kam das Verblüffendste. Ein Reiter erschien am Himmel, mit Rüstung und Lanze. Er schaute mich an, und ich spürte eine enorm starke Liebe für ihn. Wir kommunizierten telepathisch miteinander und ich sagte zu ihm: „Bitte, nimm mich sofort mit!" Er antwortete: „Ich komme später in deinem Leben wieder, denk an deine Mutter!" Dann hielt er die Lanze auf mich. Ich dachte, dass das jetzt das Ende sei. Aus der Lanze kam eine leuchtende, goldene Kugel immer näher auf mich zu, wurde größer und größer und zerplatzte dann vor meiner Stirn. In diesem Moment waren die Visionen vorbei, ich war vollkommen klar und ging zurück ins Internat zum Abendessen.

Zu dem Zeitpunkt wusste ich noch nicht, dass ich ein Jahr später (für fast ein Jahr) als Austauschschülerin in die USA gehen sollte, was sich in der Vision symbolhaft als der Treck durch den Canyon zeigte. Als ich dann 22 Jahre alt war, machte ich ein Urlaubssemester von der Uni und ging mit meinem Hund für ein halbes Jahr nach Ägypten, in den Sinai. Wir waren einige Male in Kairo. Als ich live vor der Sphinx stand, wusste ich, dass ich sie schon einmal genauso klar in der Vision vor mir gesehen hatte, jedes Detail.

Die Vision mit Mickey Mouse war in der Hinsicht zukunftsdeutend, da der Vater meiner Söhne nach der Trennung einige Jahre in Paris lebte und oft mit den Jungs Disneyland Paris besuchte. Am Ende der Ehe verbrachten wir zusätzlich dort unseren letzten gemeinsamen Urlaub als Familie.

Die vierte Vision kann ich mir nur so erklären, dass es Jesus war, der mir begegnete. Diese unerklärliche Liebe, die ich für ihn empfinde, fühlt sich genauso an wie in der Vision von damals.

Diese Visionen zeigten mir also wichtige Stationen meiner Zukunft.

Seitdem ich meditiere, habe ich täglich Visionen, aber eher innere. Ich könnte jetzt viele Beispiele geben, eines möchte ich hier gerne teilen.

In einer Meditation im Jahr 2008 wurde ich durch einen Tunnel geführt und dachte: „Oje, Tunnel bedeutet doch eventuell eine Nahtoderfahrung?" Aber ich ging durch den Tunnel, der ganz aus Pflanzen bestand und kam am Ende in einem riesigen, echten, schlagenden Herzen an. Es war sehr angenehm, in diesem Herzen zu sein.

Drei Wochen später war ich auf dem „Engelkongress" in Hamburg. Dort war unter anderem Diana Cooper, von der ich, glaube ich, jedes Buch gelesen hatte. Sie machte mit uns genau diese „Meditation ins kosmische Herz", wie sie es nannte. Vorher hatte ich davon weder gehört noch gelesen.

Bewusstseinserweiternde Substanzen sind meiner Meinung nach mit großer Vorsicht zu betrachten.

Sie haben meist enorme Nebenwirkungen und können, so Diana Cooper, die spirituelle Entwicklung stark verlangsamen oder sogar verhindern. Ich habe von so vielen gehört, dass Meditation sie in viel angenehmere und tiefere Zustände bringt, als Drogen es je konnten. Ich bin nicht stolz darauf, dass ich das „Kiffen" damals ausprobiert habe, bin dennoch sehr dankbar für die Visionen. Es hat in mir die Sehnsucht ausgelöst, diese tiefe Liebe wieder zu spüren. Das habe ich u. a. durch Meditation und Heilung erreicht, wenn auch erst viele Jahre später.

Wir haben alles in uns, um Begeisterung und Glückseligkeit zu erfahren, es ist nur eine Frage des Übens. In allem, was wir vermehrt praktizieren, werden wir Meister. Leider haben sich zurzeit viele Menschen auf der Erde dafür entschieden, Meister im Unglücklichsein zu sein, da sie das am meisten üben.

Würden sich heute alle Menschen entscheiden, glücklich zu sein und nur das zu denken und zu fühlen, was sie wirklich möchten, wäre dies das sofortige Ende aller Konflikte, Umweltprobleme und so weiter. Alle würden Meister im Glücklichsein werden und dazu gehört natürlich auch eine gesunde Umwelt.

In den vergangenen Jahren gingen enorm viele Menschen, besonders Jugendliche, auf die Straße, um gegen Umweltverschmutzung und Umweltsünden zu protestieren. Das ist ein zarter Beginn von dem, was kommt.

Diese meist Jugendlichen wissen nicht, dass sie durch die Art und Weise, wie sie es angehen, Energie in die Idee einer geschädigten Erde stecken. Da sie – wie wir alle – Schöpferwesen sind, manifestieren sie genau in die falsche Richtung. Sie stecken ihre Realität erschaffende Energie in das, was sie nicht wollen, ohne es zu wissen. Genau wie unser Unterbewusstsein kennt das Universum das Wort „nicht" nicht. Indem sie so starke Emotionen und Gedanken in das stecken, was sie nicht wollen, kreieren sie mehr davon. Diese Tatsache wurde, wie anfangs schon erwähnt, von Quantenphysikern im Labor bewiesen.

Hilfreicher wäre es, wenn wir in Meditationen die Erde als vollkommen gesund und gereinigt sehen, das würde die Transformation bringen, die wir uns wünschen.

Ganzheitliche Heilung und was sie beinhaltet

In vielen Heilungsansätzen habe ich sogenannte „Missing Links" gefunden. Viele Heilmethoden, die ich ausprobiert habe oder mit mir habe machen lassen, halfen zwar kurzfristig, aber die alten Themen kamen immer wieder hoch, bis sie dann auf tiefster Ebene mit Hilfe der kristallinen Energie, wie ich sie nenne, abgelöst wurden.

Über viele Jahre hinweg suchte ich nach einem Weg, der wirklich auf tiefsten Ebenen heilt. Dazu gehört natürlich auch Feng Shui – was nützt es, wenn man die besten Sachen coacht, die besten Kontexte in sich trägt und dann in ein Haus kommt, in das Aspekte hereinkommen, die z. B. sagen: „Unglückshaus, bitte sofort umziehen." So etwas gibt es, wie auch Störzonen, Wasseradern, Fremdenergien in den Häusern usw.

Auch Feng Shui ist nur ein Stück in der großen „Torte" der Heilung, der Ganzheitlichkeit. Es ist ein Werkzeug und wird später nicht mehr nötig sein, weil wir alle in so einer Energie schwingen werden, in der diese Hilfsmittel nicht mehr gebraucht werden. Aber jetzt, in der Zeit des Übergangs, ist Feng Shui noch ein sehr hilfreiches Tool.

Für mich ist im Feng Shui der Aspekt der „Fliegenden Sterne" (Astrologie des Hauses) am wichtigsten. Es ist der feinstofflichste Aspekt und wird nur von sehr wenigen Feng Shui-Beratern in Deutschland praktiziert und angeboten, weil es eine sehr komplizierte Methode ist. Allein diesem Thema haben wir in der Feng Shui Ausbildung einen gesamten Wochen-Block gewidmet. Es gibt sehr detaillierte Informationen über das, was im Haus energetisch „los" ist, und es fasziniert mich immer wieder.

Ein weiterer Aspekt der ganzheitlichen Heilung ist das Entfernen von energetischen Angriffen. In dem spirituellen Standardwerk

„Einweihung" von Elisabeth Haich steht, dass wir energetisch nur von denen angegriffen werden können, die auf unserem Entwicklungsgrad oder darüber sind. Ab einem bestimmten Einweihungsgrad haben die Menschen gelernt, dass Angriff jeglicher Art immer nur auf einen selbst zurückfällt, also lassen sie es. Mir ist aufgefallen, dass das Wort „Karma" Einzug in unsere Sprache erhalten hat. Viele reden von „Instantkarma", meist in einem lustigen Zusammenhang. Da ist viel Wahres dran, denn in den immer höheren Energien werden sich die Auswirkungen unseres Handelns immer schneller zeigen. Darum ist es hilfreich, die Gedanken und Gefühle bewusst zu lenken.

Ein wichtiger Teil meiner Arbeit besteht auch darin, energetische Angriffe, die gesetzt wurden, zu entfernen. Viele zur Zeit Inkarnierte haben früher bewusst negativ gearbeitet und senden in diesem Leben, meist nicht wissentlich, energetische Angriffe auf andere. Das traurigste Beispiel erlebte ich mit einer Dame, die an Brustkrebs erkrankt war. Ich sagte ihr, dass ihr damaliger Chef ihr über Jahre auf gedanklicher Ebene „Messer in den Rücken gerammt hatte". Sie war sichtlich geschockt und berichtete, dass eine Kollegin ihr erzählte, dass der Chef tatsächlich mal über sie sagte: „Der steche ich immer Messer in den Rücken." Das Problem zwischen den beiden bestand darin, dass sie als Anwältin höher qualifiziert war als ihr damaliger Chef.

Sie litt fast zehn Jahre unter diesen energetischen Angriffen auf ihr Herzchakra, und wie sich zeigte, kann so etwas entsprechend starke Auswirkungen auf den Körper haben.

Diese Angriffe kann man entfernen und das Energiefeld reparieren. Wie das geht, habe ich vor einigen Jahren von einer wunderbaren Kollegin gelernt, die früher auch bei Questico/ Astro TV arbeitete.

Manche haben Dinge aus vergangenen Leben wie Folterwerkzeuge oder Waffen in ihrem Energiefeld, die Krankheitssymptome auslösen können. Wenn man sie entfernt, heilen diese Themen.

Einige Male ist es schon vorgekommen, dass andere Hellseher bei meinen Klienten diese Dinge sahen und beschrieben, sie aber nicht entfernen konnten; was mit der Zeit mein Vertrauen in das, was ich sah, stärkte.

Reinkarnationsforscher berichten, dass viele der untersuchten Kinder körperliche Probleme in genau den Bereichen haben, die in ihren vergangenen Leben mit der Todesursache in Verbindung standen.

Manchmal sehe ich diese Dinge erst, nachdem die darüber liegenden „Zwiebelschichten" entfernt wurden.

Schamanische Seelenteilrückholung

Ein anderer Teil der ganzheitlichen Heilung ist die Seelenteilrückholung.

In traumatischen Situationen und auch manchmal in Situationen, die im Nachhinein gar nicht so traumatisch erscheinen, werden Seelenteile in der Situation zurückgelassen. Das sind Anteile, die einfach nicht ertragen, eine bestimmte Situation nochmal zu erleben.

Bei mir selbst habe ich bisher ungefähr 36 Teile zurückgeholt. Das waren ein kleiner Fahrradunfall in der Kindheit, eine Situation mit Liebeskummer usw.

Manchmal bin ich Menschen, die „abgefallen" sind, einige Jahre später wieder begegnet und konnte sie kaum mehr „sehen", sie waren nur noch mit ein paar Anteilen von sich „da", als ob man durch sie hindurchschauen kann. Sie haben in der Zwischenzeit extrem gelitten und werden das auch weiter tun, wenn sie nicht erlauben, dass jemand diese verlorengegangenen Anteile zurückholt.

Jeder darf so viel leiden, wie er es für seine eigene Entwicklung braucht. Das Göttliche erlaubt das, also dürfen wir es auch erlauben. Das ist für die meisten Heiler sehr schwer zu akzeptieren, aber wir können tatsächlich Karma ansammeln, wenn wir mit aller Macht versuchen, andere von ihrem Leid abzuhalten oder ihnen gute „Ratschläge" geben. Sie kommen dann regelrecht wie „Schläge" an.

Was wir also tun können, ist uns zu erinnern, dass dieses Leid irgendwann eine Sehnsucht in den Menschen hervorbringt, die sie wahrscheinlich in die Heilung führt. Ob das nun in diesem Leben oder in kommenden Leben ist – das liegt nicht in unseren Händen.

So wie ich es selbst von der geistigen Welt gehört habe und auch von anderen Channelmedien, leiden diese Seelen sehr darunter, wenn sie die Chance des Aufstiegs verpasst haben, die es zur Zeit auf der Erde gibt. Manche sagen, es dauert unvorstellbar lange, bis es wieder solche energetischen Aufstiegsmöglichkeiten auf der Erde gibt.

Die Seelenteilrückholung ist eine Reise auf Seelenebene, eine sogenannte schamanische Heilreise. Man geht in die Situation zurück, in der der verlorene Seelenanteil noch steckt und spricht mit ihm. Manchmal führt man echte Diskussionen mit diesen Teilen. Ich habe aber noch nie erlebt, dass ein Seelenteil nicht mitkommt. Das sind manchmal Anteile aus der Kindheit, die unter Tischen sitzen, während im Haus extrem herumgeschrien wurde, die Angst hatten vor ihren Eltern oder Großeltern. Oder es waren Krankenhaussituationen – darum sind Krankenhäuser auch energetisch gesehen sehr schwierig, weil dort so viele Seelenanteile sitzen und leider auch Fremdenergien, die von dem Leid und von dem Schmerz magisch angezogen werden.

Viele berichten, dass sich das Zurückkehren eines Seelenanteils wie Kribbeln anfühlt oder wie etwas, dass tatsächlich „hereinkommt" und dass sich die Menschen danach „kompletter" fühlen.

Vor nicht langer Zeit sagte eine Klientin, mit der ich schon seit einigen Jahren gearbeitet hatte, wortwörtlich in der Meditationsgruppe: „Das Glück läuft mir praktisch hinterher. Ich bin sehr glücklich in Sachen Liebe, ich weiß nicht, wohin mit dem Geld, das Geld jagt mich regelrecht, ich bin superglücklich mit meinen Klienten und Klientinnen." Das ist möglich. Bei ihr ging es nur noch um die Erhöhung des Lichtquotienten.

Eine andere Klientin/Freundin kam, nachdem wir schon einige Monate miteinander gearbeitet haben, verzweifelt und voller Angst und sagte weinend zu mir: „Anna, alle Kontexte haben sich erfüllt, was soll ich jetzt tun?" Sie hatte also Angst, sie dachte, es sei jetzt „vorbei", weil sich all ihre Wünsche erfüllt hatten. „Hast du keine weiteren Wünsche?" „Doch, doch, habe ich." „Dann lass uns kontextuieren. Lass uns weiter „zaubern". Du kannst alles erschaffen, was du dir vorstellen kannst. Deine Vorstellungskraft ist flexibel, die kann mit dir wachsen." Sie war ursprünglich Busfahrerin und kam zu mir mit enormen Knieproblemen. Das Knie wurde komplett geheilt. Dann stellte sie fest, dass sie keine Lust mehr hatte, Busfahrerin zu sein, sie wollte ins Management. „Okay, dann lass uns das coachen, lass uns deine Erfolgsblockaden wegnehmen." Ein paar Monate später kam sie ins Management, in dem sie noch heute glücklich arbeitet. Sie ist inzwischen die höchste weibliche Person in diesem riesigen Betrieb. Vorher, als sie noch Busfahrerin war, sagte sie: „Du, Anna, ich möchte gerne die beliebteste Busfahrerin sein, hier in der Region." Einige Monate später legte sie mir zwei große Zeitungsartikel auf den Tisch „Beliebteste Busfahrerin". Ich nehme sie sehr gerne als Beispiel, weil sie so schön ihre Wünsche realisiert.

Am Anfang war das Wort und wir arbeiten mit dem Wort. Das Unterbewusstsein liebt das geschriebene Wort und glaubt Dinge, die es liest, viel schneller. Wir programmieren das Unterbewusstsein neu über das Wiederholen von geschriebenen Worten in Form von Kontexten. Irgendwann beginnt das Unterbewusstsein, diese als Wahrheit zu akzeptieren, egal, ob es schon wahr ist oder nicht.

Wenn das Unterbewusstsein etwas als wahr akzeptiert hat, muss es sich im Außen zeigen, auch das ist ein Gesetz. Dafür muss man bereit sein, alle „alten Töpfe" vom Herd zu nehmen, in denen man „nicht gut schmeckende" Suppen gekocht hat und diese nicht wieder auf den Herd zurückzustellen.

Die Tochter einer Freundin ist enorm hellsichtig und hat wunderbare Kontakte mit der geistigen Welt. Mit ihr wird nicht der Kontext gelebt, dass Pubertät schwierig sei. Auch die Pubertät kann eine der schönsten und innigsten Zeiten sein zwischen Eltern und Kindern.

Wir leben ja nur unsere Kontexte und die Kollektivhypnosen – aus denen kann man sich jedoch herausziehen und mit dem ersetzen, was man bevorzugt.

Vor einigen Jahren, bevor wir unser Haus gekauft haben, war diese Klientin/Freundin bei mir. Wir saßen so, dass sie aus der Terrassentür in den Garten hinausschauen konnte. Plötzlich begann sie etwas zu beobachten und erstarrte dabei. Sie wurde ganz blass und stand sichtlich unter Schock. Dann wendete sie sich ab und ich fragte sie natürlich, was sie gesehen hatte. Sie antwortete: „Anna, das glaubst du mir sowieso nicht." „Du bist hier an einem Ort, an dem fast alles geglaubt wird. Also, erzähle bitte."

„Ich habe gerade Jesus durch deinen Garten gehen sehen." „Ja, das macht Sinn, denn der Vermieter wollte so viele Bäume im Garten fällen lassen, dass ich alle Heiligen gebeten hatte, den Garten zu schützen", antwortete ich. Der „Baumschneider" war sehr zugänglich und hat die Aufträge des Vermieters nicht durchgeführt. Gott sei Dank. Natürlich habe ich auch Jesus gebeten, den schönen Garten zu schützen.

Wir werden in den kommenden Jahren die höheren Dimensionen und die höheren Wesen immer mehr wahrnehmen mit unseren physischen Sinnen. Für viele wird es schockierend sein, für viele ein großer Segen. Es gibt unzählige Berichte, die zur Zeit hauptsächlich aus Indien und aus Deutschland kommen, über die „Sichtung von Heiligen". Und jeder von uns, der weiter hier auf der Erde bleibt, wird diese Erfahrung höchstwahrscheinlich machen und darauf können wir uns alle enorm freuen.

Ein weiterer Aspekt der ganzheitlichen Heilung sind Jenseits-kontakte. Viele verstehen z. B. nicht, warum ihre Eltern oder Großeltern ihnen so wenig Liebe zeigen konnten, und gefühlt nie für sie da waren. Es ist oft sehr heilsam, wenn sie beginnen zu verstehen, warum es damals so war. In solchen Fällen ist es für die Angehörigen und Freunde im Jenseits meist sehr wichtig, Verständnis bei ihren noch lebenden Verwandten zu erwecken. Viele bitten sogar um Verzeihung und geben Erklärungen, warum sie sich so verhielten.

Auch ist das Arbeiten mit den „heiligen sieben Strahlen" für mich von großer Bedeutung. Jedem der Strahlen werden verschiedene Wesen, Chakren, Dinge und Eigenschaften – wie z. B. Engel, aufgestiegene Meister und Meisterinnen, Heilige, Heiler, Elementarwesen, Gott, Kristallwesen, Planeten, Farben, Pflanzen, Musik oder Symbole – zugeordnet, wodurch wir vieles besser einordnen können. Es ist alles Teil der heiligen Einheit.

Reinkarnation und Rückführungen

Seit den 50er Jahren wird das Thema Reinkarnation unter anderem bei „Medical Center Division of Perceptual Studies" an der Universität von Virginia untersucht.

Der Psychiater Dr. Ian Stevenson veröffentlichte zahlreiche wissenschaftliche Artikel und Bücher über Reinkarnation, mit Beispielen aus der ganzen Welt. Er verfasste u. a. das Buch „Reinkarnation in Europa", in dem auch Fälle aus Deutschland beschrieben werden.

Sein Nachfolger, Dr. Jim B. Tucker, Professor für Psychiatrie und Neuro-Verhaltenswissenschaften, übernahm 2002 das Projekt. Einer seiner beeindruckendsten Fälle ist der von Ryan Hammond, einem Jungen aus Oklahoma, der 2005 geboren wurde. Seine detaillierten Erinnerungen an ein vergangenes Leben in Hollywood erstaunten sogar den berühmten Forscher. Er konnte nachweisen, dass die 55 Fakten, die der Junge über sein vergangenes Leben ab dem Alter von etwa vier Jahren erwähnte, korrekt waren. Ryan erinnerte sich z. B. an seine fünf Ehen, eine Tochter und seine drei Söhne, deren Namen er jedoch leider vergessen hatte, was ihn sehr traurig machte. Ebenfalls beschrieb er sein Haus mit Pool in Hollywood detailgetreu.

Auf einem Foto aus dem Jahre 1932, welches ihm von seiner Mutter gezeigt wurde – die viele Bücher über ältere Hollywoodstars in Büchereien auslieh und diese Ryan zeigte – erkannte er seinen alten Freund George und sich selbst.

Ryan hieß in diesem vorhergehenden Leben Martin Martyn und war damals Tänzer am Broadway und später ein einflussreicher Agenturbesitzer in Hollywood.

Aufgrund dieser Information wurde seine noch lebende Tochter gefunden, eine inzwischen alte Dame. Dr. Tucker reiste mit den Hammonds nach Hollywood, um dort die Tochter zu besuchen, die verständlicherweise zunächst sehr skeptisch war.

Eine Aussage des Jungen über sein damaliges Lieblingsgetränk, „Tru-Ade", konnte von der Tochter bestätigt werden – wie noch viele weitere Aussagen. Alle anderen Details konnte das Forscherteam belegen. Ryan selbst sagte nach der Begegnung mit seiner Tochter, dass sich ihre Energie verändert habe. Er konnte sein jetziges Leben danach gut annehmen.

Schon mein Vater berichtete mir in meiner Jugend von Rückführungen und ähnlichen Fällen, wie zuvor geschildert. Ich selbst habe viele Rückführungen gemacht, und in bisher drei Fällen konnten wir zu den Personen sogar Informationen im Internet finden, da die Namen gesehen wurden. So geschehen auch bei einer meiner eigenen Rückführungen: Ich kam in einem Leben an, in dem ich ein Tabakanbauer in Virginia war; lebte aber ursprünglich in England, auf einem schönen Landsitz. Ich ließ meine Frau und meine beiden Kinder oft über lange Zeiträume in England zurück, worunter meine Frau sehr litt. Ich hatte in Virginia eine Plantage, auf der Sklaven arbeiteten.

So wie ich in meinem jetzigen Leben schon mal direkten Kontakt zum Buckingham Palace hatte – als wir dort auf einer Gartenparty mit der gesamten Königsfamilie und Leuten aus der Politik, den Medien und der Army waren – so hatte ich vermutlich auch in der damaligen Inkarnation Begegnungen mit Angehörigen der britischen Monarchie; denn ich konnte während der Rückführung Bauarbeiten an einem der Flügel des Buckingham Palace sehen. Als ich 1998 im Buckingham Palace war, kam mir dort alles sehr vertraut vor, wahrscheinlich ähnelt das Innere dem der damaligen Zeit noch sehr.

Auch habe ich eine Person aus einem meiner vorherigen Leben in diesem Leben wiedererkannt. Die erste Begegnung mit ihr in diesem Leben war ungewöhnlich. Sie starrte mich sehr lange an, als wir einander vorgestellt wurden, und sagte dann aus heiterem Himmel: „Du bist so schön!" Sie hatte möglicherweise auch etwas Altes erkannt, und sich unbewusst an die Liebe erinnert, die uns mal verband.

Warum hatte meine innere Weisheit diese Inkarnation gewählt?

Anscheinend wurde ich in diesem Leben viel mit dem Karma konfrontiert, das ich damals angesammelt hatte – z. B. in meinem Jahr als Austauschschülerin in Virginia, USA. Ich durfte dort praktisch nichts und musste in der ersten Familie den gesamten Hausputz erledigen, obwohl das in diesem Ausmaß nicht so für Austauschschüler gedacht war. Außerdem wurde ich mit dem Thema Rassismus konfrontiert. Meine Gasteltern haben mir jeglichen Kontakt mit Afroamerikanern verboten. Dieses Verbot konnte ich leider nur in der High School umgehen, da half auch kein Diskutieren mit den Gasteltern. Aus Kummer und Heimweh nahm ich in dieser Zeit zehn Kilo zu.

Später im Leben musste ich meinen älteren Sohn nach England ins Internat lassen, was mir großen Schmerz bereitete. Unter den ewigen Umzügen hätte seine Schullaufbahn sehr gelitten. Außerdem war es, besonders bei den Offizieren, vollkommen normal, die Kinder ins Internat zu geben. Er ging zwar einige Jahre später als die anderen, dennoch litten wir beide sehr unter dieser räumlichen Distanz – auch wenn er alle sechs Wochen nach Hause kam und wir jeden Tag telefonierten.

Filme über Brutalität Sklaven gegenüber haben mir immer sehr zu schaffen gemacht und ich vermeide sie heute noch.

Ich machte vor einigen Jahren mit einer ehemaligen Klientin eine Rückführung, in der sie in ein Leben ging, in dem sie eine

„Tempelbeterin" war. Das galt wohl als große Ehre, ihre Eltern hatten sie dorthin geschickt. Sie hasste es.

Dies gab mir wertvolle Informationen darüber, warum sie absolut keine Lust auf Meditieren und Coachen hatte, da sie früher dazu gezwungen wurde. Leider verließ sie den Heilungsweg, bevor wir das Thema ablösen konnten.

Viele gehen in alte Leben zurück, in denen sie Heiler waren und von der Gesellschaft ausgegrenzt, verfolgt oder getötet wurden. Da ist es verständlich, dass sie ihre spirituellen Talente und ihr Licht in diesem Leben um jeden Preis verstecken wollen. Immer mehr haben jedoch den Mut, mit ihren Fähigkeiten den Menschen und dem Aufstieg der Erde zu dienen. Schon oft habe ich gehört, dass nur die Stärksten der Starken diesen Weg schaffen. Mut gehört definitiv dazu. Auch der Mut, belächelt zu werden und sich beruflich nicht inmitten der heutigen Gesellschaft zu bewegen. Wie schon erwähnt, verstehe ich es sehr gut, wenn diese Arbeit belächelt wird. Ist dies ja nur eine Strategie, die Angst davor nicht zu zeigen, welche ich selbst auch jahrelang hatte.

Reinkarnation ist für mich die einzige logische Erklärung für das, was auf der Erde passiert. Es ist doch vollkommen sinnlos und ungerecht, dass z. B. kleine Kinder verhungern. Es passt nicht zu der genialen Schöpfung, die jede Schneeflocke anders kreiert.

Natürlich ist das Thema Reinkarnation in unseren Breitengraden etwas Exotisches. Aus der Bibel wurde fast alles über Reinkarnation entfernt. Einige Hinweise sind jedoch noch zu finden, z. B. im Jakobusbrief. In dem steht im griechischen Originaltext, falsches Reden könne einen Brand verursachen, der das Rad der Geburt erneut in Bewegung setzen könnte.

Es ist kaum bekannt, dass bis zum zweiten Konzil von Konstantinopel, im Jahr 553, der Glaube an die Wiedergeburt, auf der Grundlage der Lehre des Origenes, weit verbreitet war. Auf diesem Konzil wurde die Lehre von der Reinkarnation verboten und im Laufe der Jahrhunderte aus den Schriften und Büchern verbannt.

Für diejenigen, die den gegenwärtigen christlichen Dogmen und Glaubenslehren kritik- und ahnungslos folgen, ging damit – bis auf den heutigen Tag – der Schlüssel zu Sinn und Gerechtigkeit unseres Lebens verloren.

Der berühmte Schweizer Psychiater Carl Gustav Jung machte sein wahrscheinlich berühmtestes Zitat über Reinkarnation im Jahr 1939, auf der jährlichen „Eranos Tagung", in Ascona/ Schweiz. Er sagte: „Ich könnte mir gut vorstellen, dass ich in vorigen Jahrhunderten gelebt habe und dort auf Fragen gestoßen bin, die ich noch nicht beantworten konnte; dass ich wiedergeboren werden musste, weil ich die mir gestellte Aufgabe nicht erfüllt hatte."

Laut einer Studie der Bertelsmann-Stiftung glauben inzwischen zwei Drittel aller Deutschen an ein Leben nach dem Tod. Das ist, ehrlich gesagt, viel mehr, als ich dachte.

Wenn man zum ersten Mal mit einer völlig neuen Weltsicht konfrontiert wird, entstehen meist Widerstände. Man macht sich gerne über diese neue Sichtweise lustig. So ging es mir auch immer dann, wenn ich zunächst etwas Neues als völlig falsch ansah. Wir gehen dann in kognitive Dissonanz und stecken in einem Konflikt mit dem, was wir bisher als wahr ansahen. Je mehr Wahrheit in dieser Zeit ans Tageslicht kommt, umso mehr werden wir davon sehen. Wahrscheinlich wird es sehr schwer für die, die sich anderen Sichtweisen gegenüber schon sehr lange verschlossen haben.

Zitate und Passagen aus Gedichten
bekannter Persönlichkeiten

Johann Wolfgang von Goethe (1749–1832) schrieb im April 1776 an seinen Freund, den Dichter C.M. Wieland die folgenden Zeilen über Charlotte von Stein:

Ich kann mir die Bedeutsamkeit, die Macht, die diese Frau über mich hat, anders nicht erklären als durch die Seelenwanderung. Ja, wir waren einst Mann und Weib!

Drei Monate später, im Juli 1776, verfasste Goethe ein Gedicht an Charlotte von Stein:

Sag, was will das Schicksal uns bereiten? Sag, wie band es uns so rein genau? Ach, du warst in abgelebten Zeiten meine Schwester oder meine Frau.

Goethes Zeitgenosse Friedrich Schiller (1759–1805) schrieb im Jahre 1782 „Das Geheimnis der Reminiszenz" an die Stuttgarter Hauptmannswitwe Frau Vischer:

Waren unsre Wesen schon verflochten? War es darum, dass die Herzen pochten? Waren wir im Strahl erloschner Sonnen, in den Tagen lang verrauschter Wonnen, schon in Eins zerronnen? Ja, wir warens – (Innig mir verbunden warst du in Äonen, die verschwunden.)

Der Schweizer Arzt und Naturphilosoph Paracelsus (1493–1541) schrieb:

Die Ursache aller Dinge ist der Geist. Er bringt einen Körper hervor, durch den er seine Wunder vollführt. Ist der Körper zerstört, schafft sich der Geist einen neuen Körper, der ähnliche oder höhere Eigenschaften hat.

Der schottische Philosoph, Historiker und Jurist David Hume (1711–1776) schrieb 1739:

Die Metempsychose/Wiedergeburt/Reinkarnation/Seelen-
wanderung ist daher das einzige System dieser Art, dem die
Philosophie Beachtung schenken darf.

In seinem Todesjahr 1786 schrieb Friedrich II., genannt Friedrich der Große, (1712 –1786):

Ich fürchte nun, dass es mit meinem irdischen Leben bald aus
sein wird. Da ich aber überzeugt bin, dass nichts, was ein-
mal in der Natur existiert, wieder vernichtet werden kann,
so weiß ich gewiss, dass der edlere Teil von mir darum nicht
aufhören wird zu leben.
Zwar werde ich wohl im künftigen Leben nicht König sein,
aber desto besser: ich werde doch ein tätiges Leben führen und
noch dazu ein mit weniger Undank verknüpftes.

Ein Gedicht von Hermann Hesse (1877–1962) aus dem Jahre 1914:

„Neues erleben"

Wieder seh ich Schleier sinken, und Vertrautestes wird fremd,
neue Sternenräume winken, Seele schreitet traumgehemmt.
Abermals in neuen Kreisen ordnet sich um mich die Welt, und
ich seh mich eiteln Weisen, als ein Kind hineingestellt.

In einem Brief an die Schriftstellerin Lisa Wenger, deren Tochter er im Jahre 1924 heiratete, schrieb Hermann Hesse:

An etwas wie eine Seelenwanderung glaube auch ich, ich hal-
te das eigentlich für selbstverständlich, sobald man anfängt
zu denken. Dieser Glaube hat manches Beruhigende, aber
er enthält auch die Erkenntnis, dass alles, was wir erleben,
von uns selbst gewollt und herbeigerufen ist, und dann gibt

es keine Ausflüchte und keinen Trost mehr gegen das bittere Schicksal, als sich damit einverstanden zu erklären und „ja" dazu zu sagen, und das ist immer schwer.

Voltaire, der französische Aufklärungs-Philosoph (1694–1778) schrieb:

Die Lehre von der Wiederverkörperung ist weder widersinnig noch unnütz.
Zweimal geboren zu werden ist nicht erstaunlicher als einmal.
Auferstehung ist das ein und alles der Natur.

William Sommerset Maugham (1874–1965) schrieb in seinem Werk „Auf Messers Schneide" (1944):

Ist dir aufgefallen, dass die Seelenwanderung eine unmittelbare Erklärung und Rechtfertigung des Bösen in der Welt bietet? Wenn das Schlechte, unter dem wir leiden, das Ergebnis unserer Sünden ist, die wir in unserem vergangenen Leben begangen haben, so können wir es mit Ergebung und mit Hoffnung ertragen, dass unsere zukünftigen Leben weniger leidvoll sein werden, wenn wir im jetzigen nach Tugend streben.

Der amerikanische Schriftsteller Jerome David Salinger (*1919) schrieb 1953 in einer seiner Kurzgeschichten:

Alles, was du im Augenblick des Todes tust, ist, dass du den Körper verlässt. Meine Güte, jeder hat das viele Tausend Mal gemacht. Die bloße Tatsache, dass man sich nicht daran erinnern kann, bedeutet nicht, dass man es nicht getan hat.

Ein Zitat von Gotthold Ephraim Lessing (1729–1781), aus dem Jahre 1778:

Ist es denn schlechterdings so ganz unsinnig, dass ich auf meinem Wege der Vervollkommnung wohl durch mehr als eine Hülle der Menschheit hindurch müsste? Vielleicht wäre auf diese Wanderung der Seele durch verschiedene menschliche Körper ein ganz neues eigenes System zu gründen? Vielleicht wäre dieses neue System kein anderes als das ganze älteste ...

Der deutsche Dichter und Philologe Friedrich Rückert (1788–1866) schrieb in seiner Spruchdichtung „Die Weisheit des Brahmanen" (Erstveröffentlichung 1836):

Doch die Baumeisterin baut immer Neues wieder, und lockt den Himmelsgast zur irdischen Einkehr wieder.

Der Züricher Dichter Conrad Ferdinand Meyer (1825–1898) schrieb in einem Brief an seinen Freund Friedrich von Wyss im Jahre 1880 die folgenden Worte:

Durchgemacht in den letzten Jahren habe ich mehr, als ich je eingestehen werde. Was mich hielt, war eigentlich ein Seelenwanderungsgedanke. Ich sagte mir: Du hast offenbar in einem früheren Dasein irgendetwas Frevles unternommen. Da sprach das Schicksal:
„Dafür soll mir der Kerl auf die Erde und ein Meyer werden."
Beides muss nun redlich durchgelitten werden, um wieder in bessere Lage zu gelangen.

Der Philosoph Arthur Schopenhauer (1788–1860) schrieb 1851 die folgende Passage in seinem Werk „Parerga und Paralipomena":

Wenn mich ein Asiate früge, was Europa ist, so müsste ich ihm antworten: Es ist der Weltteil, der gänzlich von dem unerhörten und unglaublichen Wahn besessen ist, dass die Geburt des Menschen sein absoluter Anfang, und er aus dem Nichts hervorgegangen sei.

Der Opernkomponist Richard Wagner (1813–1883) schrieb im August 1860 in einem Brief an seine Geliebte Mathilde Wesendonk die folgenden Zeilen:

Gestern ergriff mich der „Lohengrin" sehr, und ich kann nicht umhin, ihn für das allertragischste Gedicht zu halten, weil die Versöhnung wirklich nur zu finden ist, wenn man einen ganz furchtbar weiten Blick in die Welt wirft. – Nur die tiefsinnige Annahme der Seelenwanderung konnte mir den trostreichen Punkt zeigen, auf welchem endlich alles zur gleichen Höhe der Erlösung zusammenläuft, nachdem die verschiedenen Lebensläufe, welche in der Zeit getrennt nebeneinander laufen, außer der Zeit sich verständnisvoll berührt haben.

Der amerikanische Erfinder und Staatsmann Benjamin Franklin (1706–1790) entwarf sich im Alter von 23 Jahren eine eigene Grabinschrift:

Hier ruhet der Leib Benjamin Franklins, eines Buchdruckers, als Speise für die Würmer, gleich dem Deckel eines alten Buches, aus dem der Inhalt herausgenommen und der seiner Inschrift und Vergoldung beraubt ist. Doch wird das Werk selbst nicht verloren sein, sondern dermaleinst wieder erscheinen in einer neueren, schöneren Ausgabe, durchgesehen und verbessert von dem Verfasser.

Der dänische Philosoph Sören Kirkegard (1813–1855) schrieb:

„Schreibe", sprach jene Stimme, und der Prophet antwortete: „Für wen?"
Die Stimme sprach: „Für die Toten, für die, die du in der Vorwelt geliebt hast."
Der Prophet fragte: „Werden sie mich lesen?"
Die Stimme antwortete: „Ja, denn sie kommen wieder zurück als Nachwelt."

Der französische Maler und Bildhauer Paul Gauguin (1848–1903) schrieb in seinen Notizen aus Tahiti:

Die Seele überlebt, wenn der physische Organismus zusammenbricht. Sie nimmt dann einen anderen Körper an, wobei sie je nach Schuld und Verdienst erhoben oder erniedrigt wird.

Der belgische Dichterphilosoph und Literaturnobelpreisträger von 1911, Maurice Maeterlink (1862–1949) schrieb in „Vom Tode":

Nie gab es einen Glauben, der schöner, gerechter, reiner, moralischer, fruchtbarer, tröstlicher und in gewissem Sinne wahrscheinlicher ist als der Wiederverkörperungsglaube.

Der österreichische Dichter und Erzähler Peter Rosegger (1843–1918) schreibt in „Mein Himmelreich" im Jahre 1901:

Wenn im Herbst die Blätter von den Bäumen fallen, so will man das für ein Beispiel der Vergänglichkeit deuten. Ein schlechtes Beispiel, denn nach wenigen Monaten wachsen auf dem Baum junge Blätter, und es wird ein Frühling, der ganz so ist, wie die früheren waren ... Und der Mensch sinkt als Vater/Mutter zu Grabe, und steht als Kind wieder auf ...

Ein Jugendgedicht aus „Mensch Wanderer" des Dichters Christian Morgenstern (1871–1914):

Wie oft wohl bin ich schon gewandelt auf diesem Erdball des Leids, wie oft wohl hab ich umgewandelt den Stoff, die Form des Lebenskleids?
Wie oft mag ich schon sein gegangen durch diese Welt, aus dieser Welt, um ewig wieder anzufangen, von frischem Hoffnungstrieb geschwellt?

Und aus der vier Jahre nach Christian Morgensterns Tode veröffentlichten Aphorismensammlung „Stufen":

Es leiht mir wunderbare Stärke die Zuversicht, dass nimmermehr ich sterbe, dass ungehemmt ich meine Werke vollbringe, ob auch oft mein Leib verderbe.
Es wirkt, dass ich mit ernster Ruhe vor meiner Pläne Fehlschlag mich ermanne – ich weiß, was ich erstrebe, was ich tue, ist nicht gebannt an eine Lebensspanne.

Und:

Die Lehre der Reinkarnation zum Beispiel – sie ist längst da. Aber sie musste eine Weile beiseitegelassen werden; die ganze europäische Zivilisation geht auf dieses Beiseitelassen zurück. Jetzt hat dieser Zyklus das Seine erfüllt, jetzt darf sie, als eine unermessliche Wohltat, in den Gang der westlichen Entwicklung wieder eintreten.

Der österreichische Dichter Rainer Maria Rilke (1875–1926) schrieb:

Du bist ein Rad, in dem ich stehe: Von deinen vielen dunklen Achsen wird immer wieder eine schwer und dreht sich näher zu mir her, und meine willigen Werke wachsen von Wiederkehr zu Wiederkehr.

Der Verlauf des Heilungsweges

Bevor wir erwachen, sind wir uns nicht bewusst über die Liebe, die wir in Wahrheit sind oder über die enormen Kräfte, die in uns sind. Manche behaupten, wir waren „am Schlafen". Die Schleier des Vergessens, durch die wir alle gehen, bevor wir auf der Erde inkarnieren, sind noch nicht gehoben. Die Seele hat aber von ihrer höheren Führung den Impuls erhalten, aufzuwachen, zurückzugehen – nach „Hause", in den inneren Frieden, in die göttliche Freude. Wie schafft es unsere innere Weisheit, uns zum Aufwachen zu bringen? Die Antwort ist einfach: über das Leid.

Sie bringt Situationen – Umstände, die Leid erzeugen – sodass wir die Sehnsucht bekommen, etwas zu verändern. Das Leben klopft am Anfang relativ leise an, die Seele ist generell viel leiser als die Egostrukturen. Man erfährt also eine gewisse Portion an Leid, macht aber weiter wie gehabt und ignoriert diese ersten zarten Aufwacheinladungen. Dann gibt das Leben die nächste Chance, aufzuwachen, und das Leid wird etwas größer. Ab diesem Punkt kann es passieren, dass das Leben mit der Tür ins Haus fällt und es bleibt nun keine andere Möglichkeit mehr, als Hilfe zu finden, die tatsächlich hilft.

Zur Zeit sind enorm viele spirituelle Lehrer auf der Erde. Meiner Meinung nach kann man den Einweihungsweg nur mit Hilfe eines spirituellen Lehrers schaffen, aber das dann auch in Leichtigkeit.

Es gibt sieben Haupteinweihungen, die jeweils nochmal Untereinweihungen haben. Mit jeder bestandenen Einweihung erhöht sich der Lichtquotient. Es ist wirklich vergleichbar mit einem Computerspiel, bei dem man sich „hochlevelt", bis man das Spiel „durchgespielt" hat, also das Rad des Karmas verlässt.

Da die Schulpsychologie meist nicht auf der energetischen, spirituellen und unbewussten Ebene arbeitet, findet man meist durch die von ihr empfohlenen Therapieformen keine ganzheitliche Heilung. Es wird oft über Jahre in „alten Pötten gerührt", meistens in denen der Kindheit, ohne dass die tief liegenden Ursachen für die Schmerzen abgelöst werden. Probleme, die nicht auf der Ebene des Redens entstanden sind, können auch nicht durch Reden gelöst werden. Probleme, die auf der Erde entstanden sind, können nur hier abgelöst werden. Sie liegen im Unterbewusstsein in Form von Ängsten, Definitionen, Glaubenssätzen, Mustern, Kontexten, Karma, alten Schwüren, Eiden, Flüchen usw. und können nur durch Entprogrammierung in Form von Energiearbeit gelöscht werden. An die frei gewordenen Stellen kann man Gesundheit, Liebe, Glück, Erfolg, Fülle und Wunder bringende Glaubenssätze einprogrammieren. Dies kann nur in tiefer Entspannung und mit Energiearbeit geschehen.

Hingabe und der spirituelle Lehrer

Worte eines indischen Meisters

Die Menschen kommen zu dem spirituellen Lehrer und geben sich seiner Lehre hin. Sie erfahren die wundervolle Phase der Freude und Expansion. Nach einer gewissen Zeit der Ausdehnung auf intellektueller, emotionaler und Wesensebene, beginnt der Intellekt dieser Menschen plötzlich den exakten Ursprung zu verurteilen, dem sie sich vorher hingegeben haben und durch den die Expansion geschehen ist. Sie beginnen, den spirituellen Lehrer zu bewerten. Wenn sie zu beurteilen beginnen, gerät diese Expansion ins Stocken. In dem Moment, in dem sie sich erneut hingeben, erhalten sie neues Leben. Wenn sie die Hingabe aufheben, dann kommen die Expansion und das Wachstum zum Stillstand. Beides ist festgefahren.

Es ist vergleichbar mit einer Zugbrücke. Zuerst wird die Brücke heruntergelassen, was sinnbildlich der Hingabe entspricht. Anschließend wird viel Intelligenz, Energie, Mitgefühl, Expansion und noch vieles mehr von dem Standpunkt des spirituellen Lehrers an die des Schülers gesandt. Wenn der Schüler zu viel empfängt, beginnt sein Ego plötzlich die andere Seite zu sehen: die Perspektive des spirituellen Lehrers. In dem Moment, in dem er urteilt, wird die Brücke der Hingabe hochgezogen. Es gibt keine Transportmöglichkeit mehr. Das Empfangen von Geschenken ist nicht mehr möglich. Der Schüler sitzt fest. Das Schöne am Leben ist, dass es dir vergibt. Es wartet auf dich – selbst wenn du festgefahren bist, wenn das Leiden in deinem Leben geschieht. Verstehe, wenn du festgefahren bist, welches Leiden auch immer an dich herangetragen wird, es ist lediglich eine Mahnung.

Das Leiden kommt, und du versuchst, es auf alle möglichen Arten in der äußeren Welt zu lösen. Denn die Logik, mit der du den spirituellen Lehrer beurteilst, ist so stark, so arrogant. Sie versucht, ihre eigenen Lösungen zu finden ohne nachzugeben, ohne zu pausieren, ohne die Brücke herunterzulassen. Sie will nur sagen: „Nein! Ich weiß es. Ich kann das schon alleine regeln. Ich werde es tun!" Aber der Kosmos ist sehr mitfühlend. Er setzt dich einem solch starken Leiden aus, welches durch Lösungsansätze in der Außenwelt nicht gelindert oder beantwortet werden kann. Dann gibt es keinen anderen Weg. Dann, mit viel Zögern, lässt du die Zugbrücke wieder herunter. Die andere Seite sitzt nur da, mit einem Lächeln, wartet darauf, dass deine Brücke landet, und sagt: „Machen wir weiter mit der Arbeit. Wo waren wir stehen geblieben? Siebte Lektion? Beginnen wir mit der achten." Und abermals beginnen die Energie, die Expansion und die Ekstase entlang der Brücke zu dir zu fließen und die nächste Stufe des Geschehens kann beginnen. Unglücklicherweise braucht es einige „Janmas" – einige Wiedergeburten – für den Schüler, um die Brücke herunterzulassen. Glücklich sind jene, die die Brücke in wenigen Tagen herunterlassen. Intelligent sind jene, die die arroganten und hinterlistigen Spiele des Verstandes verstehen, die Brücke herunterlassen und gestärkt beginnen, sich mit dem spirituellen Lehrer wieder zu verbinden. Sie stellen die Verbindung mit dem Universum erneut her, sodass der Fluss der Intelligenz, Expansion und Ekstase wieder lebendig werden.

Ich sage euch: Glücklich sind jene, die zurückkommen, die Brücke herunterlassen und den Prozess beginnen. Unglücklich sind jene, die Geburt um Geburt um Geburt warten wollen. Und am unglücklichsten sind jene, die auf ihre Wiedergeburten warten, und wenn sie dann die Brücke herunterlassen, so sitzt der spirituelle Lehrer nicht mehr da, in seinem Körper. Er wird ohne Körper sein. Er wird in der Form des Formlosen sein – dem Universum. Dann wird die ganze Arbeit zu schwierig. Die Schwierigkeiten werden immer größer. Es ist genauso wie mit den Gottheiten zu arbeiten, ohne einen spirituellen Lehrer in körperlicher Form zu haben. Es ist möglich, aber es braucht eine starke Intensität. Und es braucht sehr viel Zeit. Es braucht viele Tapas, d. h. eine große Anstrengung von deiner Seite aus. Natürlicherweise wird der Prozess dadurch verzögert. Zeit wird verschwendet.

Energiegesetze und Gründe für das „Abfallen"

Zum Thema „umsonst arbeiten" könnte ich ein komplettes Buch schreiben.

Eine Erfahrung dieser Art erlebte ich auch mit dem Vater meiner Söhne.

Während unserer Ehe hat er einige Dinge miterlebt, die er sich nicht erklären konnte. Seine Reaktion war meistens, dies zu belächeln.

Eines Abends saßen wir bei meiner Mutter und meinem Stiefvater beim Abendessen und er begann, sich über Feng Shui lustig zu machen.

Mein Stiefvater sprang sofort für mich in die Bresche und sagte zu meiner Mutter: „Du, unser Freund, der Herr …, hat doch vor einigen Monaten Feng Shui in seinem Haus machen lassen und berichtete, dass es ihm und seiner Familie in vielerlei Hinsicht viel besser geht".

Dafür bin ich meinem Stiefvater enorm dankbar, denn das war das Ende vom „sich lustig machen" in Gegenwart meiner Eltern.

Mit „sich lustig darüber machen" reagieren, wie schon gesagt, viele Menschen, da es Ängste und Unsicherheiten auslösen kann – so war es bei mir am Anfang ja auch. Die Ego-/Angststrukturen wollen diese Dinge nicht, da sie über ihre Begrenztheit hinausgehen und nicht über den Verstand kontrolliert werden können. Viele sagen auch: „Ich glaube nur an das, was ich sehe." Aber wie können sie dann Handys benutzen, wenn sie doch die Strahlung nicht sehen können, welche die Handys überhaupt zum Funktionieren bringt? Oder sie dürften theoretisch nicht an die Existenz von Röntgenbildern glauben, da die Strahlung auch nicht sichtbar ist.

Die Werbung arbeitet gerne auf unsichtbare Art und Weise über unser Unterbewusstsein. Hierzu gibt es viele Experimente und Studien. Sie gibt uns nicht hör- oder sichtbare Anweisungen, die wir dann befolgen sollen. Diese subliminale oder unterschwellige Art von Werbung ist eigentlich verboten, wird aber anscheinend immer noch eingesetzt. Da hilft es auch nicht, wenn man sagt: „Ich glaube nicht daran". Sie wirkt einfach, wenn man sie nicht absichtlich unterbindet.

Als der Vater meiner Söhne nach unserer Trennung seine jetzige Frau kennen lernte, wollten die beiden dringend ein Kind bekommen, was aber auf dem normalen Wege nicht möglich war. Sie versuchten es auch mit künstlicher Befruchtung. Nachdem das ebenfalls nicht funktionierte, wandte er sich an mich und fragte, ob ich helfen könnte. Er hat während unserer Ehe miterlebt, dass fünf Kinder zur Welt kamen, obwohl den Eltern gesagt wurde, dass sie niemals Kinder bekommen könnten. Diesen Menschen hatte ich unter anderem mit Feng Shui und Energiearbeit geholfen. Und so half ich auch ihm und seiner Frau. Kurz darauf klappte es endlich und sie bekamen eine Tochter.

Einige Zeit danach bat mich seine Frau, ihrer schwer kranken Mutter zu helfen. Intuitiv spürte ich, dass ich der Mutter nicht mehr helfen konnte, und nannte ihnen den Namen eines bekannten Arztes in Deutschland (sie lebten zu der Zeit in Paris). Sie beschlossen, nicht zu diesem Arzt zu gehen, da die Mutter für den Transport schon viel zu krank und schwach war. Auch mit ihm kam es letztes Endes zu einem Bruch, da ich mal wieder umsonst geholfen hatte.

Es ist eine feine Gratwanderung für Heiler.

Eine wunderbare Klientin/Freundin arbeitete einige Jahre mit einem Heiler, der ausschließlich Fernheilungen machte, mit enormen und sehr starken Auswirkungen. Als sie mir von dem inzwischen verstorbenen Heiler erzählte, nannte sie mir nur seinen Nachnamen, denn sie kannte ihn nur als Herrn Sauf. Eines Morgens nahm er, während ich meditierte, Kontakt „auf Seelenebene" mit mir auf und nannte mir seinen Vornamen, Heinz.

Ich fragte sie, ob das sein Vorname sei. Sie wusste es nicht und fragte die Frau des Heilers und bestätigte mir kurze Zeit später, dass er tatsächlich Heinz hieß.

Er hatte ihr zu Lebzeiten erzählt, dass er gar keinen privaten Kontakt mit den Menschen haben darf, mit denen er arbeitet. Er wusste wohl, dass das Probleme mit den Energiegesetzen bringen könnte. Mit fast allen, die bisher am „schlimmsten abgefallen" sind, hatte ich auch privaten Kontakt.

Privater Kontakt ist möglich, aber nur, wenn alle Beteiligten gewisse Regeln einhalten.

Energie ist ständig im Fluss, ein Heiler heilt praktisch immer, weil „Heilung bringen" seine Absicht, Energie und sein Kontext ist.

Viele berichten mir, dass sie sich nach nur einer Whatsapp-Nachricht von mir schon besser fühlen. Bei jeder Nachricht, die man bekommt oder sendet, fließt Energie. Wenn zu viel Energie fließt, ohne einen Energieausgleich, kann es zu Turbulenzen kommen, da eine „freundliche" Form des Energieraubes stattfand, was den meisten nicht bewusst ist.

Ich kann nur jedem, der Heiler ist oder einer werden möchte, raten, die Energiegesetze zu ehren, da er sonst tatsächlich eher schaden als helfen wird.

Bei Questico/Astro TV ist es z. B. so, dass nicht nur jede Telefonminute berechnet wird, sondern auch für E-Mails ein Energieausgleich möglich ist. Dort scheint sich also der Erfinder gut mit Energiegesetzen auszukennen. Natürlich hat man aber auch die Möglichkeit, Freiminuten zu verschicken.

Das hat nichts mit Habgier zu tun, sondern mit effektivem Helfen. Umsonst ist immer umsonst, wird anfangs gut angenommen, dann aber nicht wertgeschätzt, so dass enorme Widerstände aufkommen können, bis hin zur vollkommenen Abkehr vom Weg.

Auch sehe ich Unterschiede im Vorankommen der Menschen, mit denen ich arbeite. Wenn ich schon seit einigen Jahren mit jemandem arbeite, zahlt er eventuell nicht den aktuellen Preis, den andere zahlen.

Die geistige Welt sagt mir immer, ich soll gerecht sein. Das würde bedeuten, dass alle die gleichen Preise zahlen müssen.

Es kommt auch immer wieder vor, wenn der Energieausgleich für eine oder mehrere Sitzungen noch nicht beglichen wurde, dass geplante Sitzungen kurzfristig abgesagt werden, die Leute mir z. B. nachts Nachrichten schicken u.Ä.

Eine wunderbare Kollegin bei Questico sagte mir einmal: „Erst das Geld, dann die Sitzung! Du musst sogar von deiner Schwester Geld nehmen!". Natürlich bauen sich da Widerstände auf, man hofft ja, dass es trotzdem klappen könnte – hat es bisher aber nicht, und wenn doch, dann nur kurzfristig.

Die Menschen gehen oft in Widerstände, wenn man an besonders tiefsitzende Themen kommt.

Jeder von uns hat mehrere Themen mit in dieses Leben gebracht. Viele, obwohl sie schon sehr weit gekommen sind, springen bei diesen Hauptthemen ab. Es ist wie eine Sucht, die sie noch nicht bereit sind, aufzugeben; egal, wie unglücklich es sie macht.

Energetische Ablösearbeit ähnelt, wie schon erwähnt, einem Entzug. Früher, als ich mit der Ablösearbeit begann, bekamen meine Klienten unter anderem entzugsartige körperliche Reaktionen, wie Übelkeit und Schmerzen. Heute kann ich es so dosieren, dass diese Nebenerscheinungen gar nicht mehr auftreten.

Es können z. B. Themen wie Dramasucht, Chaos oder Probleme mit dem Ausdrücken von Gefühlen, Ängste, ständiges Abgewiesenwerden und noch vieles mehr sein.

Früher brauchte man meist für ein Thema mehrere Inkarnationen. In den enorm hohen Energien, in denen wir uns jetzt befinden, können alle Themen innerhalb von einigen Jahren geheilt werden. Wie oben schon erwähnt, schrieb Dr. Joshua Stone, dass er einmal erlebt hatte, dass jemand innerhalb von sechs Jahren einen Lichtquotient von weit über 90 Prozent erreicht hat; allerdings im Ashram, also in ständiger spiritueller Arbeit. Da spielt natürlich die Intensität der Arbeit eine große Rolle. Seit 2008, also seitdem ich mit der kristallinen Energie arbeite, habe ich bei mir selbst schon einige Tausend Stunden Ablösearbeit geleistet. Wenn ich jetzt einmal im Monat vielleicht eine halbe Stunde Energiearbeit mit jemandem mache, kann man sich denken, dass es seine Zeit dauert.

Besonders hellhörig werde ich immer, wenn mir jemand sagt: „Also das Thema habe ich schon bearbeitet!". Dann weiß ich mit Sicherheit, wo ich genauer hinschauen sollte. Das Thema wurde zwar schon bearbeitet, aber noch nicht auf allen Ebenen abgelöst.

Viele verabschieden sich auch von ihrer eigenen Weiterentwicklung, weil ihr Partner nicht mitzieht und sie intuitiv wissen, dass entsprechend den Resonanzgesetzen die Beziehung wegen der entgegengesetzten Entwicklungen in die Brüche gehen könnte.

Aus irgendeinem Grund haben sich anscheinend Frauen eher auf den Weg gemacht als die meisten Männer, aber immer mehr Männer sind in den vergangenen Jahren erwacht. Viele homosexuelle Männer haben ungefähr zeitgleich mit den Frauen begonnen.

Es ist natürlich ein großer Segen, wenn ein Paar „am gleichen Strang zieht". Oft erleben Paare dann zweite Flitterwochen und kreieren sich Erfolg auf allen Ebenen.

Zum Thema Energiegesetze gehört auch der Bereich „in Wahrheit leben". Wenn jemand wirklich mit den höchsten Hierarchien arbeiten möchte, ist es verständlich, dass er in sich das passende Resonanzfeld dafür erschaffen muss.

Wenn jemand sehr oft lügt, wütend, neidisch, habgierig, gestresst, voller Angst oder ähnliches ist, kann er sich mit Wesenheiten der niederen Astralebenen verbinden, aber nicht mit den Engeln Gottes, anderen heiligen Wesen oder mit Gott Vater/Mutter selbst.

Die Informationen, die er aus den niederen Astralreichen eventuell erhält, dienen nicht dem höchsten Wohle aller und ausschließlich der kurzfristigen Befriedigung, nach der das Ego strebt.

In meinen frühen Zwanzigern sprach ein Pastor in einer Kirche über das Thema Wahrhaftigkeit.

Ich nahm mir fest vor, alles Lügen und Übertreiben zu lassen und merkte, wie oft ich nicht die Wahrheit gesagt hatte, besonders in meinen Teenagerjahren. Dieser Pastor hatte mich wirklich erreicht.

Mir ist heute klar, wie wichtig Wahrhaftigsein ist. In manchen spirituellen Büchern steht, dass Lügen hässlich macht. Es ist im Energiefeld für mich sichtbar, wenn jemand viel lügt, es sieht tatsächlich nicht schön aus.

Vor einigen Monaten hörte ich im Radio von den Ergebnissen einer Umfrage, in der es hieß, dass jeder angeblich zigmal am Tag lügt. Der Beitrag wurde so aufgebaut, dass das Lügen völlig normal und in Ordnung sei und wirkte eher lustig.

Meiner Meinung nach hat sich jemand wirklich etwas dabei gedacht, als er der Menschheit die zehn Gebote gab.

Ähnlich ist es mit dem Lästern. Wenn wir uns daran erinnern, dass wir alle eins sind, wen greifen wir dann mit Lästern an? Immer einen Teil von uns selbst. Das Ego fühlt sich durch Lästern gestärkt, es stellt sich auf diese Art gerne über andere.

Mehr zum Thema „Abfallen"

Der Mensch hat also einen Heiler gefunden und der Heiler schafft es, ihn zu motivieren, sich selbst aktiv an seiner Heilung zu beteiligen.

Das kann regelmäßige Meditation sein, bewusstes „Realität erschaffen", Verbinden mit der Natur u.v.m.

Anfangs sind die Leute sehr begeistert – besonders vom bewussten „Realität erschaffen", wie genial und schnell dies funktioniert; und auch vom starken Fühlen der Energiearbeit.

Sie sind sich ganz sicher, dass sie nun endlich einen ganzheitlichen Weg gefunden haben, den sie beibehalten möchten. Die Heilung beginnt. Meist werden erst körperliche Dinge geheilt, dann Familienthemen, Geld, Liebe, Beruf usw. Natürlich fühlen sich die Menschen immer wohler.

Es geht ihnen dann oft so gut, dass keine Zeit mehr da ist für Verbinden mit dem Göttlichen, für Meditation und bewusstes „Realität erschaffen".

Das Leben – besonders mit der meist neu gewonnenen Gesundheit, mit der neuen Arbeit und/oder mit dem neuen Partner – hat den Menschen wieder ganz „eingestrudelt". Er vergisst all das, was er sich vorgenommen hatte und beginnt wieder zu schlafen – zunächst zwar glücklicher als vorher, dennoch fällt er zurück und ist mit vollem Karacho in die größte Falle auf dem Aufstiegsweg gelaufen ... dem Irdischen, dem Vergänglichen, dem „Eingestrudeltwerden".

Seine alten Leid-/Ego-/Schmerzkörperstrukturen freuen sich natürlich über diese Entwicklung, weil der Mensch endlich aufgehört hat, sich mit dem Göttlichen und mit der Liebe zu beschäftigen – da die Egostrukturen diese Dinge, wie ja schon gesagt, nicht kontrollieren können und das so gerne tun.

Zum Zeitpunkt des Fallens vom Heilungsweg haben die Menschen noch nicht den Lichtquotienten aufgebaut, der ein Abfallen unmöglich macht. Dieser liegt bei über 80 Prozent. Sie sind noch nicht bewusst in der Einheit mit dem Göttlichen, leben nicht ihre ursprüngliche heilige Mission, haben meist noch keine nennenswerten „übersinnlichen" Fähigkeiten entwickelt und haben keinen Zugang zu ihrem Unterbewusstsein.

Manche, die vom Heilungsweg abgefallen sind, kamen nach einigen Jahren zu mir zurück. Es war für mich immer sehr traurig, zu sehen, wie rückläufig ihre Entwicklung verlaufen ist.

Was tun als Heiler, wenn man diese Fallen kennt? Warnen und somit womöglich Angst machen? Binden durch Angst? Ich habe viele Jahre nicht davor gewarnt; tue es aber jetzt, weil ich schon oft gesehen habe, was das Abfallen auslösen kann.

Erst hält das bewusst positiv Erschaffene noch an, dann kommen jedoch die ungeheilten Themen wieder durch, mit entsprechend teils dramatischen Auswirkungen.

Das Leben ist gnädig und lädt die Menschen über das Leid neu ein, sich wieder auf den Weg zu machen.

Leider habe ich auch schon erlebt, dass die Arroganz der Egostrukturen so groß war, dass manche lieber gestorben sind, als zu heilen.

An eine ehemalige Klientin erinnere ich mich ganz besonders. Nachdem sie mindestens zwei Jahre nicht mehr mit mir gearbeitet hatte, meldete sie sich und fragte nach einem Termin. Ich hielt Rücksprache mit meinem spirituellen Team und bot ihr ein

Zehnerpaket an, da ich wusste, dass ich ihr mit einer Sitzung nicht helfen kann. Das lehnte sie ab. Sechs Wochen später erhielt ich ihre Todesanzeige.

Oft habe ich erlebt, dass Leute vom Heilungsweg abgesprungen sind und „so tun", als ob sie sich weiter entwickeln. Eine ehemalige Klientin hat sich z. B. kiloweise Bergkristall gekauft und hoffte, dass ihr das enorm weiter helfen würde. Das konnten die Steine aber nicht leisten. Ich habe dann gehört, dass sie Angestellte ihres Friseurgeschäftes zwang, alles mit Salzwasser einzusprühen, um sich vor negativen Energien zu schützen. Eine Angestellte von ihr wehrte sich sogar vor Gericht gegen diese Verfügung ihrer damaligen Chefin.

Man kann sich, soweit ich weiß, nicht durch „Dinge" vor negativen Energien schützen. Der beste Schutz ist der, den man über das Herz, über Meditation, über Energiearbeit mit dem Göttlichen und den Engeln und aufgestiegenen Meistern und Meisterinnen aufbaut.

Eine andere ehemalige Klientin, eine Yogalehrerin, ging, nachdem sie die Arbeit mit mir vorerst eingestellt hatte, zu einer Heilerin in Hamburg. Diese Heilerin sagte ihr nicht, wie lange die Sitzung dauern wird und auch nicht, dass sie (fast) jede Minute berechnet. Acht Stunden und 1.500 Euro später ging sie, nachdem sie die Stunden dort hauptsächlich weinend verbrachte, aus der Praxis. Angeblich hätte sie mal ein Zwillingsgeschwisterchen haben sollen. Das hatte mir die geistige Welt bei ihr gar nicht gezeigt ... Immerhin hatte diese Dame ihr 100 Euro erlassen. Ihr Mann ist mit einem nicht so hohen Betrag davon gekommen; ich glaube, es waren 800 Euro. Laut ihren Erzählungen wurde rein gar nichts geheilt oder zumindest bearbeitet.

Da ist es verständlich, dass so viele Menschen Heilern und Hellsehern skeptisch gegenüber stehen. Diese „Abgesprungenen" gehen also zielstrebig zu solchen „Heilern", die weder Egostrukturen, noch Karma oder Fremdenergien ablösen können und dürfen.

Es gibt in jedem Berufszweig schwarze Schafe, auch in diesem. Die Menschheit ist nicht rein positiv zur Zeit, da können es auch nicht alle Heiler und Berater sein. Jeder wird den anziehen, der seiner Schwingung entspricht.

Ich selbst habe auch mit zig Hellsehern und Heilern gearbeitet und viele Tausend Euro dafür ausgegeben. Ich wollte wissen, wer was und wie gut kann. Bei manchen spürte ich Energien und auch Erleichterung, aber niemand hat Themen wirklich in der Tiefe geheilt. Das habe ich in den Jahren ab 2008 nachgearbeitet, als sich die „Kristalline Energie" bei mir vorstellte und begann, mit mir zu kommunizieren und die Themen wirklich auf allen Ebenen zu bearbeiten.

Die gleiche Erfahrung machte ich mit denen, die zu mir kommen und auch schon mit anderen gearbeitet hatten. Natürlich kann es auch daran liegen, dass sie nicht lange genug mit den Heilern vor mir arbeiteten.

Die Jugendlichen und Kinder, die jetzt inkarniert sind, müssen nicht über das Leid auf den Weg gebracht werden. Wenn sie in der Spiritualität aufwachsen, können sie da einfach drin bleiben, sind wach und müssen somit nicht aufwachen.

Ich arbeite auch mit Jugendlichen und Kindern. Sie alle haben enorme spirituelle Fähigkeiten und reagieren sehr stark auf Energiearbeit, besonders auf „Reconnective Healing". Diese Heranwachsenden bekommen, Gott sei Dank, kein Ritalin o. Ä., weil sie verkannt und als „schwer erziehbar" eingestuft wurden.

Ihre Eltern sind offen oder verzweifelt genug, ihre Kinder zu einem Heiler zu schicken, der ihre Talente und ihr erweitertes Bewusstsein fördert und ihnen und ihren Familien zeigt, dass „übersinnliche" Fähigkeiten normal sind. Sie nicht entwickelt zu haben, ist meiner Meinung nach nicht normal, weil es nicht der göttlichen Natur des Menschen entspricht.

Da noch so viele in der westlichen Welt sehr von ihrem Intellekt gesteuert und beherrscht werden, gelten diese Fähigkeiten als nicht normal, sie entsprechen also nicht der jetzigen Norm. Die aktuelle Norm scheint stolz darauf zu sein, dass die westlichen Menschen nur acht bis zehn Prozent ihrer Gehirnkapazität nutzen.

Angst liegt hinter dem Umgang mit allem, was der Verstand nicht analysieren und in Schubladen stecken kann.

Was wäre, wenn jeder wüsste, dass wir nicht Menschen sind, die sich irgendwann mal entscheiden, spirituell zu werden, sondern dass wir hoch spirituelle Wesen sind, die sich entschieden haben, Erfahrungen als Mensch zu machen?

Spirituelles Arbeiten und Energieausgleich

Die Tochter einer Bekannten bekam in meinem „verrückten Aufwachjahr" 2008 plötzlich, im Alter von 14 Jahren, sogenannte Stigmatablutungen. Blut bildete sich in ihren gesunden Handinnenflächen, Ostern blutete sie sogar aus den Ohren. Dies passierte auch in der Schule. Die Lehrer machten sich natürlich Sorgen und so untersuchte man das Mädchen zehn Tage lang in einem Krankenhaus. Es wurde jedoch nichts gefunden, allerdings hatte sie auch im Krankenhaus Blutungen.

Die Lehrer wussten somit, dass das Blut nicht infektiös war und erlaubten ihr, weiterhin zur Schule zu kommen. Später verbrachte sie dann weitere drei Tage in einem anderen Krankenhaus in Bielefeld. Eine Ärztin sagte der Mutter, dass man es hier wohl mit etwas zu tun hat, was sich nicht rational erklären lässt.

Dieses Mädchen, die heute eine junge Frau ist, war gerne und oft bei uns, denn ihre Familienverhältnisse waren eher schwierig. Ihre allein erziehende Mutter war alkoholkrank.

Während eines Seminars bei mir, an dem auch sie teilnahm, begann sich plötzlich Blut in ihren völlig unverletzten Handinnenflächen zu bilden. Ich bat eine Krankenschwester, die mit im Seminar war, sich um ihre Hände zu kümmern, um die Situation etwas zu entspannen. Es gab jedoch für die Krankenschwester nichts zu tun, außer das Blut abzuwischen.

Für mich war das so, als ob mir das Mädchen auf ihre Art „danke" sagte, indem sie die Blutungen in Gegenwart anderer bekam. Das rief bei allen eine enorme Bewusstseinserweiterung hervor.

Es war die Zeit, in der ich oft noch „umsonst" arbeitete. Auch in diesem Fall, mit dem Mädchen und ihrer Mutter – der ich ebenfalls geholfen hatte, wo ich konnte – war die Heilung nicht nachhaltig. Ihre Mutter begann, unethische Handlungen zu vollziehen und erzählte mir ganz stolz, dass ein Lehrer ihrer Tochter, der dieser Probleme machte, schon seit einigen Wochen krank sei, weil sie „irgendetwas" gegen ihn gemacht hatte. Nach mehreren Warnungen, die sie nicht beherzigte, distanzierte ich mich von ihr und somit auch von ihrer Tochter.

Vor einigen Jahren begegnete ich der inzwischen jungen Frau wieder. Sie bat mich um meine Handynummer, die ich ihr gab. Ich fragte sie, ob sie noch die Blutungen hat, ihre Antwort war: „Ja, manchmal blute ich aus den Augen, wenn ich an einer Kirche vorbeigehe." Ich weiß, wie verrückt und filmreif sich das anhört, aber so sagte sie es. In dem Moment war mir klar, dass sie von der dunklen Seite „abgeholt" worden war, ohne es zu wissen. Sie fragte mich später etwas über Whatsapp. Ihr Whatsappstatus lautete: „Von Dämonen besessen". Da wusste ich, dass mein erster Eindruck richtig war. Auf der Rückseite ihrer Jacke befand sich ein großes umgekehrtes Pentagramm, das ja, wie schon erwähnt, gern von der dunklen Seite benutzt wird. Ich habe es oft bei denen gesehen, die „abgefallen" sind, auch in ganz „harmloser" Form auf Kissen, Fußmatten, Kleidungsstücken, Kerzenhaltern und Ähnlichem mehr.

Ich habe einiges an Erfahrung mit „umsonst arbeiten" machen dürfen. Alte Seelen haben meist ein Helfersyndrom und können es nicht lassen, anderen helfen zu wollen oder zumindest gute Ratschläge zu geben.

Das geht einige Zeit gut, dann kommt aber der sprichwörtliche Tritt in den Allerwertesten. In unserer Kultur wird oft gesagt: „Diese Fähigkeiten sind doch eine Gabe Gottes, dafür darf man doch kein Geld nehmen ..."

Aber was ist dann z. B. mit den Pastoren? Sie werden gut bezahlt, leben in meist schönen Häusern, und dennoch denken die meisten, dass es sich bei der Ausübung ihres Berufes um pure Mildtätigkeit handelt.

Ich habe einige Bücher über Energieausgleich gelesen, größtenteils aus anderen Kulturen. Es wird ganz klar gesagt: „Wenn du umsonst Energiearbeit machst, wird es immer umsonst sein." Natürlich möchte ich das gerne vor allem denen beibringen, die bei mir Ausbildungen machen. Aber die meisten brauchen, genau wie ich, anscheinend viele Anläufe, bis sie endlich verstehen, dass Energiearbeit ohne Energieausgleich vollkommen sinnlos und absolut nicht hilfreich ist.

Heilmethoden des neuen Zeitalters

Vor einigen Jahren begann etwas, womit ich zunächst gar nichts anfangen konnte.

Immer, wenn jemand auf meiner Behandlungsliege lag, wollten meine Hände sich verselbstständigen und im Energiefeld des Menschen arbeiten.

Kurze Zeit darauf fand ich Dr. Eric Pearl auf YouTube und verstand nun, was mit meinen Händen passierte. Er beschrieb seinen Beginn mit „Reconnective Healing" sehr ähnlich. Er konnte sich auch nicht erklären, was er da tat. Seine Heilerfolge sind und waren enorm, so dass er sich auf diese neue Methode einließ.

Ich war erleichtert, als ich sein Buch „The Reconnection" las. Es sieht so aus, als ob mehrere Menschen ungefähr zur gleichen Zeit mit diesen neuen Heilenergien „aktiviert" wurden. Er selbst sagt, dass diese Heilmethode „ansteckend" sei und dass Dritte im Umfeld ebenso geheilt werden können. Diese Erfahrung habe ich auch schon einige Male gemacht. Ein Zeichen dafür, dass diese Energie aktiviert ist, sind leichte, bei manchen auch starke Muskelzuckungen, hauptsächlich an den Fingern, Schultern und im Gesicht. Bei manchen sind diese Zuckungen so stark, dass in Seminaren manche Angst bekamen. Auch begannen am Anfang Menschen um mich herum zu „zucken", obwohl ich die Energien gar nicht aktiviert hatte.

Während eines Seminars durchlebte eine Frau extreme Reaktionen an ihrem Kopf, sodass es für die anderen beunruhigend war. Sie berichtete mir später, dass ihr Mann – der schon längere Zeit starke Schmerzmittel nahm, aber der nicht mit in dem Seminar saß – ab dem Zeitpunkt schmerzfrei war. Er litt schon lange unter starken Nervenschmerzen im Gesicht und auch keine starken

Schmerztabletten hatten bis dahin geholfen. Er begrüßte sie mit den Worten „Es ist ein Wunder geschehen, die Schmerzen sind komplett verschwunden." Er fragte sie auch direkt, was wir gemacht haben. Obwohl ich nie mit ihm gearbeitet hatte, ahnte er etwas. Die Schmerzfreiheit begann genau in dem Moment ihrer starken Reaktion. Leider ist es schon oft vorgekommen, dass die, die so intensive Erlebnisse hatten, sei es mit Energiearbeit oder hellsichtigen Aussagen von mir, danach in so starke Widerstände kommen, dass sie keine weitere Heilung zulassen.

Seit ungefähr elf Jahren arbeite ich auch mit den Heilcodes des russischen Heilers Grigori Grabovoi. Er ist ursprünglich Mathematiker und Physiker und begann irgendwann, Mutter Maria zu channeln, die ihm diese Zahlenreihen gab, welche in Resonanz mit uns gehen.

Für mich ist es immer wieder faszinierend, zu fühlen, wie sie wirken. Es fühlt sich an wie starkes Pulsieren. Viele, mit denen ich arbeite, bestätigen das.

Grabovoi hat uns verschiedene Techniken gegeben, wie man mit den Codes arbeiten kann. Auch hier geht es wieder um Konzentration bzw. Meditation.

Das Thema Mann/Frau

Natürlich habe ich mich im Laufe der Jahre viel mit dem Thema „Mann/Frau" beschäftigt. Ein ganzheitlich arbeitender Psychologe, Dr. Ron Smothermon, hat darüber ein sehr interessantes Buch geschrieben („Das Mann/Frau Buch").

Eine Sache ist besonders faszinierend: Smothermon sagt, dass wir unseren Partner durch unbewusstes Loben zu den Eigenschaften hin erziehen, die wir an unserem gegengeschlechtlichen Elternteil nicht mochten.

Das hört sich etwas kompliziert an, ist es aber nicht.

Als ich zum ersten Mal von dieser Theorie hörte, dachte ich: „Jackpot, ich habe ja das beste Verhältnis der Welt mit meinem Vater gehabt und kann deshalb gar nichts Negatives auf einen Mann projizieren".

Doch ich begann, näher darüber nachzudenken. Mir fiel auf, dass ich immer das Gefühl hatte, bei meinem Vater nie an erster Stelle zu stehen, obwohl er immer für mich da war.

Im Laufe der 17 Jahre mit dem Vater meiner Söhne habe ich das durch unbewusstes Loben genau so erreicht. Vor mir kamen mindestens zehn Dinge, wie z. B. Golfplatz, Computer, Army usw. Im Nachhinein ist mir klar, dass ich selbst diese Entwicklung hervorgerufen hatte.

Mit vielen Paaren habe ich diese Thematik analysiert und oft ist es anfangs so, dass ihnen nichts einfällt und sie leichte Widerstände gegen diese Theorie entwickeln.

Es war aber bis jetzt bei keinem Paar so, dass nicht doch Dinge an die Oberfläche gekommen sind, die von dem gegengeschlechtlichen Elternteil übernommen und auf den Partner projiziert wurden. Sobald einem das bewusst ist, kann man es heilen lassen und das unbewusste Loben generell vermeiden.

Smothermon sagt weiterhin, dass keine Freundschaft zwischen Mann und Frau existiere.

Ich arbeitete bereits mit vielen Frauen und einigen Männern, die unglücklich in jemanden verliebt waren oder sind, die wenigstens eine Freundschaft mit ihm/ihr haben möchten.

Davon rate ich ab, weil es nicht glücklich macht. Diese Menschen träumen davon, dass es doch eine Beziehung werden könnte und sind natürlich nicht frei für jemanden, der wirklich eine will.

Es scheint für viele Frauen und auch für erwachende Männer sehr schwer zu sein, zu erkennen, ob jemand „will".

In der Coachingausbildung haben wir gelernt, dass jemand, der will, dies auch zeigt. Er/sie macht alles möglich, um Zeit mit dem Anderen zu verbringen.

Auch über dieses Thema könnte man ein ganzes Buch schreiben. So viel Leid, Zeit und Energie würde man sich ersparen, indem man einfach erkennt, ob jemand will. Solche Erfahrungen bieten immer eine Möglichkeit, sich im Loslassen zu üben, was auch ein wichtiger Teil der Meisterschaft ist. Wir können ja nur das haben, was wir bereit sind, nicht zu haben.

Zeichen der neuen Zeit

Wir leben in einer Zeit, in der sich die Schleier zwischen den Dimensionen heben. Wir werden also die höheren Dimensionen immer mehr wahrnehmen. Je mehr unsere Chakren geklärt sind, besonders das „Dritte Auge" bzw. Stirnchakra, umso mehr werden wir die Heiligen sehen, fühlen und hören.

Die höheren Energien und Wesen zeigen sich z. B. auf Fotos; ein Phänomen, das wir inzwischen hundertfach erlebt haben.

Vor kurzem arbeitete ich bei einer lieben Freundin mit Erzengel Michael, also mit dem blauen Strahl des göttlichen Willens. Ich sagte ihr, dass sich diese Energiearbeit oft auf Fotos zeigt. Abends schickte sie mir Fotos von sich – mit blauen Lichterscheinungen, die an dem Tag aufgenommen wurden.

Auch in anderer Form zeigen sich die Heiligen auf Fotos. Ich habe ein Poster, auf dem befinden sich hundert chinesische Heilzeichen. Schon zigmal zeigte sich auf diesem Poster eine heilige Figur, die von Bäumen umgeben ist – von den Zeichen auf dem Poster war dann nichts mehr zu sehen. (Wenn möglich, gebe ich eins der Fotos mit in dieses Buch.)

Es wird gesagt, dass der Kontakt mit den Heiligen, mit den Wesen der höheren Dimensionen, immer physischer werden kann, wenn man es erlaubt. Die geistige Welt würde niemals etwas tun, was Angst machen könnte.

Wir leben also in der interessantesten Zeit, die es je auf der Erde gab. Alles wird geläutert und gereinigt, wir selbst auch, bis es wieder Liebe ist. Das ist der Grund für die vielen Veränderungen auf der Erde, vergleichbar mit Geburtswehen.

Mit dem Code „Wunder" erhältst du bei mir auf jede Ausbildung, Feng Shui Beratung und für den Meditationsabend zehn Prozent Rabatt. Die Ausbildungen können auch per „distance learning" absolviert werden.

Der Meditationsabend findet alle zwei Wochen statt. Du kannst per Telefon (Festnetznummer, keine versteckten Kosten) teilnehmen, oder dir die Aufnahme zuschicken lassen.

Details findest du auf meiner Website: www.annadoll.de

Du kannst auch per Email Kontakt mit mir aufnehmen: annadoll@t-online.de

Übung für Aura-Stärkung

Verbinde dich bitte mit deinem Lieblingsheiligen, eventuell mit Jesus, und stelle dir vor, wie er vor dir steht und aus einer goldenen Schale flüssiges goldenes Licht über dein Kronenchakra in deinen Kopf fließen lässt. Das Licht strahlt auch um dich herum in dein Stirnchakra und fließt weiter durch den Kopf, in den Nacken und Hals und in dein Halschakra, dann weiter in deine Schultern und in den Oberkörper und fließt ganz durch deine Arme bis über die Hände hinaus und kommt im Herzchakra an.

Ganz viel von diesem Licht sammelt sich in deinem Herzen und fließt aus deinem Herzen heraus; alle Türen und Tore deines Herzens öffnen sich. Das Licht fließt an alle, die dir gerade in den Sinn kommen, es können auch Tiere, Orte, Verstorbene und alle Wesen sein, die dir etwas bedeuten.

Nun fließt das Licht weiter in dein Solarplexuschakra, jede Zelle beginnt zu leuchten, dann kommt es im unteren Bauchbereich an und fließt aus deinem Nabel- bzw. Sakralchakra bis hinunter ins Wurzelchakra und in die Beine.

Stell dir bitte vor, dass Wurzeln aus deinen Füßen wachsen, bis ins Zentrum der Erde, und sich dort fest verankern.

Dieses goldene Licht fließt nun ganz um dich herum, als ob du eine goldene Statue bist. Stell dir vor, dieses Licht fließt wie ein Oval um dich, und dein Inneres und Äußeres sind ganz von dem goldenen Licht erfüllt, durch- und umflutet.

Bleib so lange wie möglich in dieser Energie.

Du bist jetzt offen, Botschaften, Farben und Bilder zu empfangen oder auf eine meditative Reise zu gehen.

Atme dich bitte langsam in deine Tageswachheit zurück.

Übung für Transformation
von Problemen

Rufe bitte den aufgestiegenen Meister St. Germain.

Es kann sein, dass du Wellen von Liebe in deinem Herzbereich spürst oder eine starke, liebevolle Präsenz.

Er ist uns sehr nah und Teil der großen weißen Bruderschaft. Der heilige violette Strahl der Transformation ist enorm aktiviert, jetzt im beginnenden Goldenen Zeitalter. Erlaube ihm bitte, sein violettes, flüssiges Licht von oben in dich hineinfließen zu lassen, ganz durch dich hindurch und lass es auch um dich herum fließen und jedes Chakra aktivieren und öffnen. Fühle bitte, wie sich Stirn-, Hals-, Herz-Solarplexus-, Nabel- und Sakralchakra auch nach hinten öffnen.

Stell dir bitte vor dir ein violettes Feuer vor und gib dort deine Probleme oder Schmerzen hinein.

Du kannst dir auch vorstellen, dass du selbst das violette Feuer in dir brennen lässt.

Die violette Flamme der Transformation arbeitet immer sanft und zum höchsten Wohle aller Beteiligten. Du kannst also niemandem Schaden zufügen, wenn du ihn oder sie in die violette Flamme gibst.

Nun atme bitte tiefer ein und aus, fühle deinen Körper wieder mehr, lass die Chakren so weit geöffnet, wie es für dich genau richtig ist und sieh dich in einer großen weißen Kugel, die nach außen ganz verspiegelt ist. Sie lässt nur Liebevolles, Gesundheit, Glück und Gutes bringende an dich und in dich.

Bleib so lange in dieser Energie wie möglich.
    Wenn du die Augen wieder öffnest, fühlst du dich erholt und bist ganz wach.

Die Hellseherin Anna Christina Doll
(Beratercode: 1301)
im Zukunftsblick-Interview

Ich helfe Ihnen dabei, Ihre *Geisterschiffe* loszulassen

Anna Christina, Sie haben sich lange mit den Karten und anderen Systemen beschäftigt, bis schließlich die Hellsicht hinzu kam. Steht Ihnen diese Gabe ständig zur Verfügung?

Ja, meine Hellsicht ist immer bei mir, egal ob im Supermarkt, im Café oder wo auch immer. Überall, wo Menschen sind, stehe ich auch in Kontakt mit den Seelen. Wobei es mir natürlich möglich ist, den Kanal einfach zuzumachen. Es ist meiner Meinung nach auch nicht erlaubt, einfach so in vielleicht intime Dinge anderer Menschen zu schauen. Viel wichtiger ist mir also die Frage, wann es richtig ist, den Menschen etwas darüber zu sagen, was ich sehe, und wann es besser ist, zu schweigen. Anfangs ist es schon vorgekommen, dass ich einige Leute mit kleinen, spontanen Bemerkungen ganz schön erschreckt habe. Eigentlich wollte ich nur wissen, ob das alles so stimmt, was ich sehe.

Und da haben Sie den Menschen einfach von dem, was Sie sehen, erzählt?

Nein, natürlich nicht einfach mal so. Und vor allem selbstverständlich nichts, was sehr persönlich gewesen wäre. Aber zum Beispiel konnte ich einem Pensionsbesitzer einmal sagen, wer vor mir in dem Zimmer gewohnt hat und wie der Name der Dame lautete. Solche Dinge eben. Der Mann hat ziemlich gestaunt. Meistens waren es aber nicht wildfremde Menschen, die ich mit meiner Gabe behelligt habe, sondern gute Bekannte oder Freunde. Und ich habe richtig geübt, mithilfe der Psychometrie.

Was ist Psychometrie?

Meine Reikilehrerin hat mich irgendwann getestet, indem sie mir einen Ring in die Hand gab und sagte: »Los. Jetzt sag mal, was du siehst.« Ich habe das gemacht und konnte ihr ganz genau sagen, wo der Ring hergestellt worden und mit welcher Bedeutung er aufgeladen war. Diese Technik nennt man Psychometrie. Ich habe das dann öfter gemacht, weil es wirklich eine gute Möglichkeit ist, die Hellsicht zu üben.

Wie haben Ihre Freunde und Familie darauf reagiert, als sie sich damit auch beruflich befassen wollten?

Zunächst war das etwas holprig, besonders meine Mutter als wissenschaftlich ausgerichteter Mensch musste sich erst daran gewöhnen. Inzwischen hat sie aber genügend Beweise dafür bekommen, dass das, was ich tue, wirklich Hand und Fuß hat. Heute fragt sie mich, wenn bei ihr wichtige Sachen anstehen. Das ist eine tolle Bestätigung.

Wie verläuft Ihr Arbeitsalltag? Sicher haben Sie viele schöne Erlebnisse dabei.

Das stimmt. Jede Sitzung birgt für mich kleinere und größere Momente, die einfach nur wundervoll sind. Zum Beispiel sagte ich einmal einem älteren Herrn, der vor mir saß, dass ich einen kleinen Vogel sehe, der auf seiner Schulter sitzt und ihm ins Ohr zwitschert. »Ja«, sagte der Mann daraufhin, »ich habe Tinnitus«. Darauf wäre ich ohne dieses Bild gar nicht gekommen. Oder bei einer Kundin, die mich am Telefon nach einem jungen Mann fragte, der verstorben war. Ihn sah ich, wie er fegte. Eigentlich ein völlig seltsames Bild, aber die Kundin lachte herzlich und sagte dann: »Das passt, er wäre gerade dreißig geworden, und da müssen die Junggesellen bei uns in der Gegend vor dem Rathaus fegen.« Das kannte ich vorher gar nicht, und sein Alter wurde mir vorher auch gar nicht mitgeteilt.

Wie beraten Sie lieber, persönlich oder am Telefon?

Wenn alles im Fluss ist und der Anrufer oder die Anruferin sich wirklich öffnet, dann macht es für mich keinen Unterschied. Ich brauche eine kurze Einfühlungsphase, aber das ist immer so, am Telefon und vor Ort. Aber wo auch immer, vor allem möchte ich den Anrufern vermitteln, wie man positiv denkt, Ängste loslassen und durch freudvolle Gedanken ersetzen kann. Auch alte, immer wiederkehrende Muster – ich nenne sie »Geisterschiffe« – können und sollten losgelassen werden. Dabei bin ich gerne behilflich. Außerdem gebe ich sehr gerne Seminare und Kurse, das ist ein Gebiet, das ich sicher noch ausbauen werde.

Vielen Dank für das Gespräch!

NACHGEFRAGT:

- **Sternzeichen/Aszendent:** Widder/Schütze
- **Lieblingsbuch/Autor:** »Jetzt« Eckhart Tolle
- **Lieblingsfilm:** »Der friedvolle Krieger«
- **Mein persönliches Motto:** »Man muss das Unmögliche versuchen, um das Mögliche zu erreichen«

EIN HERZ FÜR AUTOREN A HEART FOR AUTHORS À L'ÉCOUTE DES AUTEURS MIA KAPΔIA ΓIA Σ
ΓIA ΣΥΓΓΡΑΦΕΙΣ FÖR FÖRFATTARE UN CORAZÓN POR LOS AUTORES YAZARLARIMIZA GÖNÜL VERELİ
EEN HART VOOR AUTORI ET HJERTE FOR FORFATTERE EEN HART VOOR SCHRIJVERS TEMOS OS
ESCRITORES ÓINKERT SERCE DLA AUTORÓW EIN HERZ FÜR AUTOREN A HEART FOR AUTHORS À L'É
L'ÉCOUTE ΠΟ ВСЕЙ ДУШОЙ К АВТОРАМ ETT HJÄRTA FÖR FÖRFATTARE À LA ESCUCHA DE LOS А
LOS AUTORES MIA KAPΔIA ΓIA ΣΥΓΓΡΑΦΕΙΣ UN CUORE PER AUTORI ET HJERTE FOR FORFATTERE
FÖR FÖRFATTARE VER ÓINKERT SERCE DLA AUTORÓW EIN HER
EIN HERZ FÜR AUTOREN ПО ВСЕЙ ДУШОЙ К АВТОРАМ ETT HJÄRT

Die Autorin

Anna Christina Doll wurde 1967 in
Lippstadt geboren und lebt heute in
Herford. Nach dem Abitur 1988 am
„Gymnasium im Schloss" in Wolfenbüttel absolvierte sie erste Ausbildungen in Astrologie und Kartenlegen.
Schon früh war sie von Hellsehen
und Heilung geprägt, insbesondere
durch ihren Großvater, der Heiler war.
Sie besuchte die Heilpraktikerschule in Hannover.
2006 erlangte sie den Reikimeistertitel. Zwischen
2014 und 2015 qualifizierte sie sich als psychologische Beraterin, zertifizierter Coach, Mediatorin,
Hypnosecoach und Rückführungstherapeutin und
führt seitdem auch Ausbildungen in diesen Bereichen durch. Am 9. November 2021 schloss sie ihr
Psychologiestudium mit dem Master of Science in
Psychologie erfolgreich ab.

Der Verlag

*Wer aufhört
besser zu werden,
hat aufgehört
gut zu sein!*

Basierend auf diesem Motto ist es dem novum Verlag ein Anliegen, neue Manuskripte aufzuspüren, zu veröffentlichen und deren Autoren langfristig zu fördern. Mittlerweile gilt der 1997 gegründete und mehrfach prämierte Verlag als Spezialist für Neuautoren in Deutschland, Österreich und der Schweiz.

Für jedes neue Manuskript wird innerhalb weniger Wochen eine kostenfreie, unverbindliche Lektorats-Prüfung erstellt.

Weitere Informationen zum Verlag und seinen Büchern finden Sie im Internet unter:

www.novumverlag.com